妈妈都是艺术家

戴亚楠 著

中信出版集团 | 北京

图书在版编目（CIP）数据

妈妈都是艺术家 / 戴亚楠著 . —北京：中信出版社，2022.2
ISBN 978-7-5217-3620-5

I. ①妈… II. ①戴… III. ①艺术教育－家庭教育－通俗读物 IV. ① J114-4 ② G78-49

中国版本图书馆 CIP 数据核字（2021）第 194547 号

妈妈都是艺术家
著者： 戴亚楠
出版发行：中信出版集团股份有限公司
（北京市朝阳区惠新东街甲 4 号富盛大厦 2 座 邮编 100029）
承印者： 宝蕾元仁浩（天津）印刷有限公司

开本：880mm×1230mm 1/32 印张：10.25 字数：231 千字
版次：2022 年 2 月第 1 版 印次：2022 年 2 月第 1 次印刷
书号：ISBN 978–7–5217–3620–5
定价：68.00 元

服务热线：400–600–8099
投稿邮箱：author@citicpub.com

绘画和阅读一样，每个人都可以学会。

◎ 和儿子们一起画画

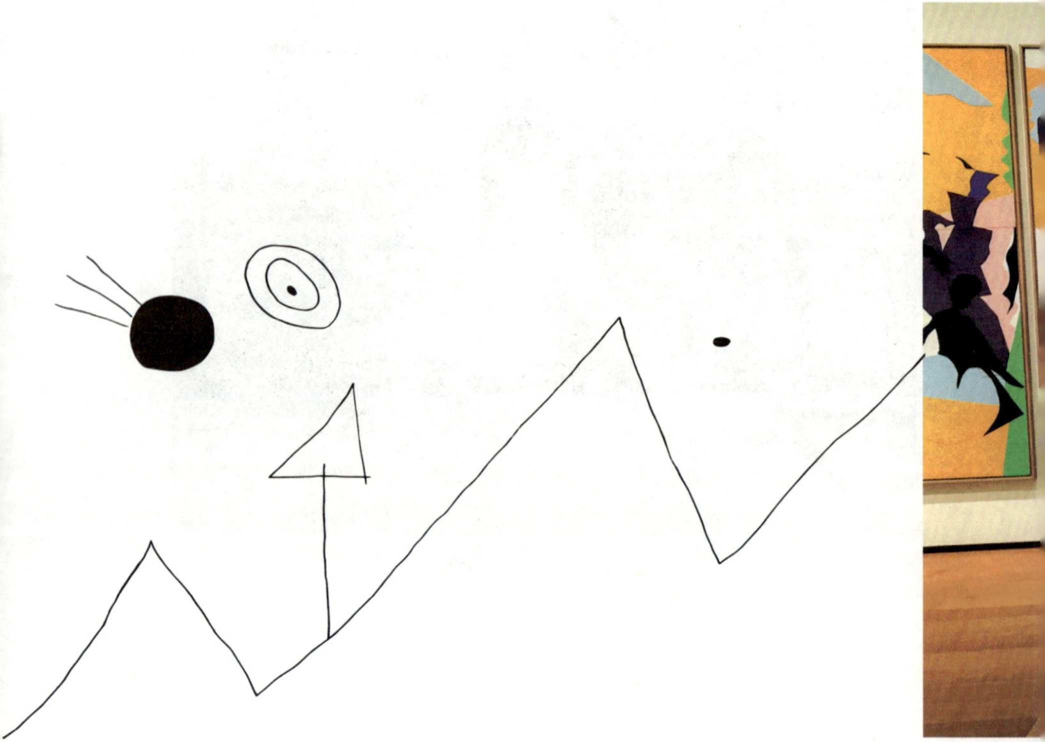

你本来就懂艺术，
生活每一秒都是美育时刻。

◎ 大儿子东黎在“看”展览

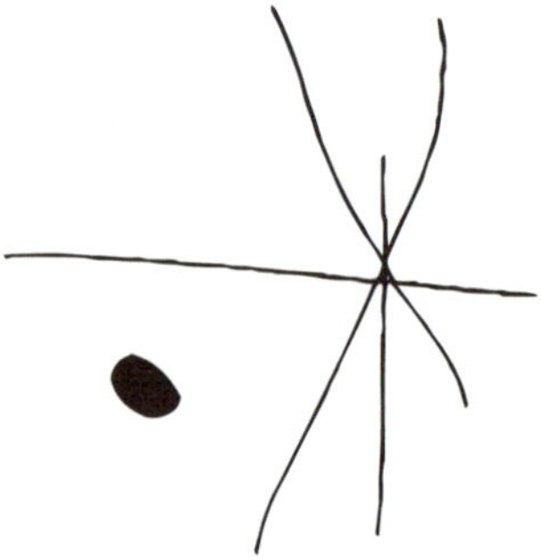

释放美的潜能，
你就是孩子的教育资源。

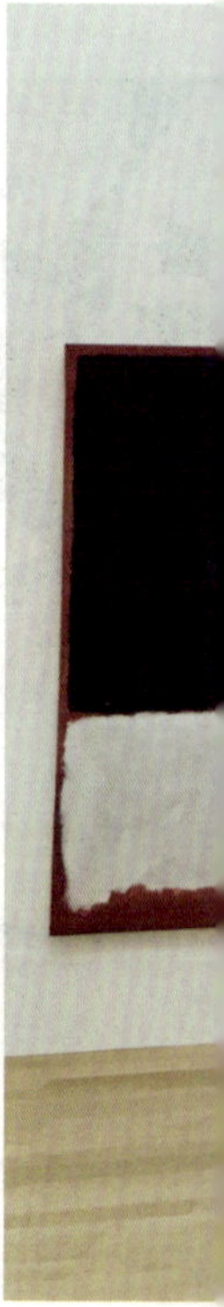

◎ 和儿子在马克·罗斯科作品前合影

目录

我终于走进了艺术之门

序言

如果在半年前，亚楠让我给她的讲艺术的书写序，我是万万不敢的。

因为力有不逮——用孩子的话说，有力气也逮不住。

有两个东西我到中年也没有入门，一个是艺术，一个是历史。

一方面我明白它们很重要——对自己很重要，对孩子的教育很重要；另一方面，这些领域又给人一种高冷的压迫感——博大精深，浩如烟海，非凡人可入。一方面似乎到处都有材料，有课程，有老师，家里也买了很多书，也上过各种课；另一方面，每次学点东西，感觉只是从大海里舀起一瓢水，眼前的一瓢看得懂，但是哪怕看了五瓢十瓢，和大海似乎也没什么关系。大海还是在那里，无边，高冷，神秘，陌生，无门可入。这种学法，也让人感到沮丧。

过去半年里，很神奇的，这两个东西我都摸到了门。

历史之门，以后有机会再和大家分享，摸到艺术之门，是因为亚楠。

和我们这代的很多人一样，我小时候“学”过一点画画，当时觉得这是一项技能，自己没有什么过人的天赋，也不算艺术爱好者。后来大概在2013年，我开始理解艺术就是表达，于是重新开始画画。

那时候工作很忙，我出差时都带个小本子，得闲的时候就画自己看到的小东西。那时候算是“敢”画，但是不“会”画。几年前，亚楠搬到北京郊区的乡下住，我觉得真是酷极了，于是周末常常带孩子去亚楠在乡下租的小院，孩子们有的玩，我就蹭艺术家同学的免费的材料画画。亚楠其实不是个称职的老师，从来也不“教”我什么，只是说“你随便画吧”。

后来新冠疫情暴发，我们都在美国，很是颠沛流离，她一个人带俩孩子，住在俄勒冈的小镇，中途搬家，遇到山火，孩子踢球骨折，同是妈妈，我想想都头大。但是看亚楠的朋友圈，还是天天有画，我们开玩笑说，这岁月静好装得可真不错。

今年冬天的时候，亚楠来我家，和孩子们一起画画，她问孩子们什么最难画，孩子们讨论一番之后说，水最难画，然后特别神奇的，亚楠从我家书架上拿下来一本南宋马远的《水图》。对，我一直有这本书，不知道什么时候附庸风雅买的，放在书架上自己都不记得了，也从来没看过！她和孩子们打开画册，一幅一幅地看里面的十二水图，我也一起凑热闹。江河湖海的水，平静的，汹涌的，通通可以用简单的毛笔线条勾勒出来，而且那水似乎是活的，让人感叹需要多少观察和尝试，才能这样用纸和笔，用简单的线条展现这自然的奇景，真是叹为观止！也就是在那一瞬间，我感受到了艺术的魅力，千年前的画作，在今天来看没有一点距离感，当年的江河湖海，当年的那个瞬间，似乎就在眼前。

也是从《水图》起，我开始理解线条，于是跟着亚楠一起从线条开始，重新观察，从写生植物开始，重新画画。

如果大家写生过植物，仔细观察，就会发现植物的那种不可言说的天然的结构美。我记得之后的一个周末，我带孩子们去爬我们常去的一座小山，中间休息的时候，我抬头看两旁伸展上去的树枝，看那交叉的枝杈，突然似乎看到了以前从没有看到的美。本来只是野外随便的一棵树，但是当你好好去观察，就会发现哪怕是最普通的一棵树，每根枝干、每片叶子的安排，都恰到好处，那或舒展、或折起来的叶子，顺着它们的每一个线条看去，都那么灵动，真是美不胜收。

我很兴奋地给亚楠发消息，说我今天看植物，如此这般，真是太美了，她悠悠地回了一句："嗯，看懂了。"

从那一天开始，我觉得自己摸到了艺术的门，不是因为知道了哪些流派，了解了哪些理论，而是在自己有了一些小小的积累以后，开始"看懂"了。先看懂自然，然后重新体会如何用纸和笔去表达自然，从自然里最不起眼的小局部开始，从最简单的线条开始。慢慢地我的画也不一样了，不是因为技巧有什么提升，而是"活"起来了。

我有一种欣喜若狂的感觉。兜兜转转几十年后，终于因为这一个"看懂"而入门了。浩瀚的艺术大海，于我而言不再是一团迷雾，而是可以就我的眼睛和感受而展开的航程。艺术世界也不再是高冷陌生的，因为我能够欣赏，而成为只为我渐次展开的美景。

这个过程不是一蹴而就的，但是亚楠的方法，对我来说特别受用。一旦你可以与之产生自己的联结，艺术的关联性似乎就是一张网，有迹可循了。所以当我看亚楠的这本书的时候，一方面重温了一遍入门的幸福感，另一方面发现了很多以前没意识到的关联。亚楠娓娓道来，有历史，有故事，有生动的人，生动的作品，最重要的，是和我们这样不是艺术家的普通人有关联，让人觉得艺术的世界不再遥不可及，是美好而又亲切的。

回到那个"看懂"了的周末，看懂那些枝杈的一瞬间，我感到无比兴奋，又无比宁静，很奇妙。其实很多妈妈的生活，都是一地鸡毛。亚楠一个人带着两个半大孩子，这些年来，生活的挑战更是无处不在。我记得当年看到亚楠在北京乡下租的小院，第一感受不是这里多美好（当然很美好），而是这搬家是多大的工作量！孩子帮不上什么忙，她一个人是怎么搞定的啊？我想，在颠沛的生活里能“装”得出岁月静好，大概就是因为在每次拿起画笔的时候，这种内心的宁静的积累吧。

所以我想，艺术对于妈妈们的意义，是在世界的大美里找到和自己的联结，而这联结，有生命的无穷力量。

所以希望大家也能从亚楠的这本书里，找到自己和艺术的联结，并能从中收获美妙的力量。

李一诺

妈妈是个艺术家

自序

贡布里希说，其实没有艺术，只有艺术家。我相信每个人都是生活着的艺术家，你的作品就是你的生活。

这本书比预想的迟了许久才完成，写作的过程中世界发生了天翻地覆的变化，但我却越来越觉得，这本书是对这场巨变最正确的回应。

外界越是动荡不安，我们越是需要找到地方安放自己，诚实地面对自己。

2020 年 1 月，我带着孩子们来美国过寒假、看朋友，并且受邀在一所创新学校的文化交换项目中教授中国水墨艺术。

出发那天，武汉刚刚封城。虽然带着小心，但大多数人都认为情况已经得到控制，是一个“局部疫情”。结果甫一落地，情况就急转直下，疫情从区域性的发展成全球性的，直至彻底改变了整个世界的节奏，而我们娘仨也一夜之间从“度假”变成了“逃难”。

再后来，从惶恐不安到随遇而安，我们出乎意料地过了一年的隔离生活。各种魔幻事件在上演，各种观点在交锋、对抗、冲突。病毒是个试金石，让人性中最美、最丑、最不可思议的一面都一览无余。

疫情最严重的时候，到处充满了焦灼无助，在一个叫作“光明正大爱上美育”的妈妈群里，人们的情绪却要明媚、舒缓得多。这里都是参加过第一期妈妈艺术研习营[①]课程的妈妈们，大家的艺术技巧未必成熟，但是她们都有一个艺术家们最珍视的特质——“诚实地面对自己”。

被隔离在天南地北的妈妈们，每天在群里发出记录生活的小画，面对这场不知何时终结的大劫难，这个小小的群成了大家精神的避难所。

在漫长的隔离生活里，我几乎没有太多机会与人面对面地交流，反而一下子多出了许多画画的时间。我把从厨房到客厅再到后院的每个角落画了个遍：从超市采买回来就画食物，去外面散步就画路边的野花，陪写作业就画写作业的孩子……

因为画画，我们更仔细地看；因为真正地看到，我们心手相连地把面前的世界画到纸上。画画带来的体验，就像一直不知道自己近视的人配了副眼镜，突然间，一个新世界跳将到眼前。

而我们近视的原因就是，忙碌和惯性导致自己许久没有仔细看看这个世界了。

绘画可以带我们短暂地从现实中抽离出来，审视自己，再回来的时候，我们就会神清气爽。面对人生充满的各种不确定性，我们不再恐慌，只想过好自己所拥有的当下真实的生活。

我很喜欢艺术，但一直只是作为旁观者。

---

① “妈妈艺术研习营”是本书作者戴亚楠老师“家庭美育课程体系”的主线课程之一，以研习绘画为线索，帮助父母亲近艺术，把艺术带进寻常生活，进而营造家庭美育氛围，每年春季、秋季开学。——编者注

兜兜转转，命运自有安排，2017 年，我放下了城市里的所有牵绊，搬到乡下，同时开始学中国画。每天画十几个小时，读艺术史，读画论，几乎废寝忘食。

这样埋头苦画很久之后，有一天我忽然能对艺术家的自述感同身受了，并发现许多艺术史里的桥段也清晰起来。更重要的是，我看到了更多事物的细节，和花草、天空、山峦似乎都有了交流——它们本来就是一直在孜孜不倦地教导生命秘密的老师，而我竟然没有真正领会到。

艺术、自然、生活都是美育的资源，而画画是一个联结的途径，把所有这一切融合在一起。

这些年我陆续地做了很多家庭美育课程和工作坊，发现许多父母的问题集中在如何找美术班、如何学技法……归根结底在一点：我们离艺术太远，所以才有这个层面的疑虑。

如何打破这个隔阂？2018 年，我邀请了近 200 位海内外的妈妈一起参加“妈妈艺术研习营”，大家画了一整年，梳理出了一条线索：用绘画构建亲近艺术的路径，把艺术带进真实的生活。

每次我发出那些来自生活的最生动新鲜的小画，我的很多艺术家朋友和老师都会慨叹：太精彩了！

那些穿中式裙裳、当窗理云鬓、不食人间烟火的“亲近艺术”只适合远观，真实的生活当然不是那样的，但抛却滤镜、爱痛交织的生活依然值得我们对它一往情深。

夜深人静时画厨房果蔬，哄睡成功后画终于安静的孩子，客户迟到时画饭馆的桌椅、碗筷、杯碟，小区里散步归来画邻家老爷爷种的花，还有穿了多年要“退休”的运动鞋、努力数小时终于热腾腾出炉的面包……万物皆可入画，不可一日无画。

在这个观念愈发冲突，动荡的世界里，不要去跟随焦虑的风暴患得患失，而要珍惜自己当下的每个时刻。绘画能够帮助大家平静下来，内观自省，带我们找到最适合自己的生命状态，不再惶恐。

告诉孩子，妈妈和你一样，我们都是艺术家。

* 这本书的部分内容来自妈妈艺术研习营课程，书稿的整理也得到第一期研习营学员妈妈们的支持，在此一并感谢大家。

你就是孩子的教育资源

导读

如果你从小就与艺术绝缘，但是不甘心一直这样下去；

如果你一直想学会画画，却从没找到过合适、有趣的路径；

如果你听了太多的育儿讲座却依旧茫然，想给孩子美育却不知道该怎么做；

如果你学过一点艺术，却无法享受和爱上它；

如果你想从孩子这一代起提升审美和艺术素养，彻底改变家庭美育和艺术的 DNA ；

……

这本书很适合你。它被我称为家庭美育的“终极”课程，目的是把每个艺术零基础的普通人变成周日艺术家。

不以艺术谋生，但以艺术为生——把艺术镶嵌在生命中。

看了太多包装过度的儿童艺术教育项目，我发现它们利用的都是父母对艺术有“隔”，忘了家庭氛围对孩子的影响。

在讲了很久的“家庭美育”之后，我想，我们可以“身体力行、绘画引领”。因为唯有行动，才能把艺术内化，真正与艺术联结。当然，每个人都不需要再花几十年去探索，本书就是为你量身定制的“捷径”，将给你带来一场别开生面的艺术体验。

这场体验大致可以分为四个维度：欣赏艺术、提升审美、学会画画、践行美育。

欣赏艺术

不同于传统的“艺术赏析”，除了了解艺术作品以及艺术家，更重要的是获得一种视角，内化成自己的方法：在欣赏艺术的过程中，不是膜拜，而是思考和对话，作品不是唯一核心，你（和孩子）的体验更重要。

提升审美

拓宽审美视野，提升审美水准，艺术、自然、生活中，无处不能审美。孩子的审美水准就是“妈妈的味道”，提升审美水准这根无形的金线，秘诀无他，唯有多积累视觉经验，培养敏感度。在五感所及的世界里塑造美的氛围，达到不随波逐流的自然和谐。

学会画画

画画和阅读一样，每个人都可以学会，和天分无关。这里指的不是学习一种媒材的使用，而是完全获得画画的“能力”以及不断热爱生活的能力。体会、观察、创作，基于自己独一无二的视觉经验和思考不断坚持练习，画出生活，提升创造力。

践行美育

说到底，孩子的家庭美育就是给孩子一个环境。再花哨的理念都不如让孩子看到妈妈通过画画去表达爱，去联结这个世界。无论是亲子创作还是亲子艺术欣赏，美育都可以游刃有余。

这是一种非典型的绘画学习体验，就像让孩子爱上读书最好的方式不是送他去上阅读课，而是家里有书架，父母手不释卷。

我们想亲近艺术，不妨给自己营造一个环境，从现在开始，把自己作为一个“周日艺术家”，从旁观者变成“同行”，走进艺术家的内心。以学习绘画为主线，去体验艺术：作为一个艺术家如何观察、思考、表达、创作，如何从生活中的每个时刻汲取灵感，用全新的视角发现细节，斟酌、取舍、完善和完成一个作品。

在艺术研习营的每一节课里，除了绘画技巧介绍，还涵盖了艺术赏析和审美提升，用充沛的艺术素养材料拓展和丰富视觉经验。当然，还有更为立体的形式：一起参与课堂活动，通过练习、完成作业、写生打卡等多种形式在社群间互助互动。这本书对于艺术研习营课程而言是参考书和预习、复习材料。

在这个课程里，我不觉得我是在教画画、教艺术，而是在帮大家搭建一座桥梁。对于一个完全零基础，望着艺术殿堂，望着很多专业的训练、展览、学术交流却不得其门而入的你，我来做一点心理建设，讲一点绘画最基本的概念，但更重要的是，帮助你探索适合你的艺术学习方式。

然后，你就可以走进“艺术”这个曾经陌生的领域。未来，你可以去美术馆，可以跟别人用语言交流你自己关于艺术作品的观点；你也可以用你的画笔，去自由地表达自己；你还可以跟孩子一起去创作，不再说我不会、我没学过、我没天分。我想，那样我的目的就达到了。

无论你的艺术经验如何、与艺术隔离了多久，我都有信心带你走好这条美和艺术的启蒙之路，让你为自己骄傲，更让你发现和证明自己无限的艺术潜能。

虽然孩子并不是这个课程的受众，但很多妈妈都看到，在自己开始画画之后，孩子自然受到了影响，更喜欢绘画和艺术了，而妈妈也通过孩子的鼓励、点评和陪伴，与孩子更亲密了。这就是我们一直说的，在美和艺术中，与孩子一起成长。

我们都期待孩子获得成功和幸福，对我而言就是“在庞杂的世界中不仅求得生计，也获得丰富的、有意义的生活”。

美和艺术的教育最好的方式，不是把孩子送进课堂，而是从我们每天的生活开始，让他们去发现，去感受，去创造。

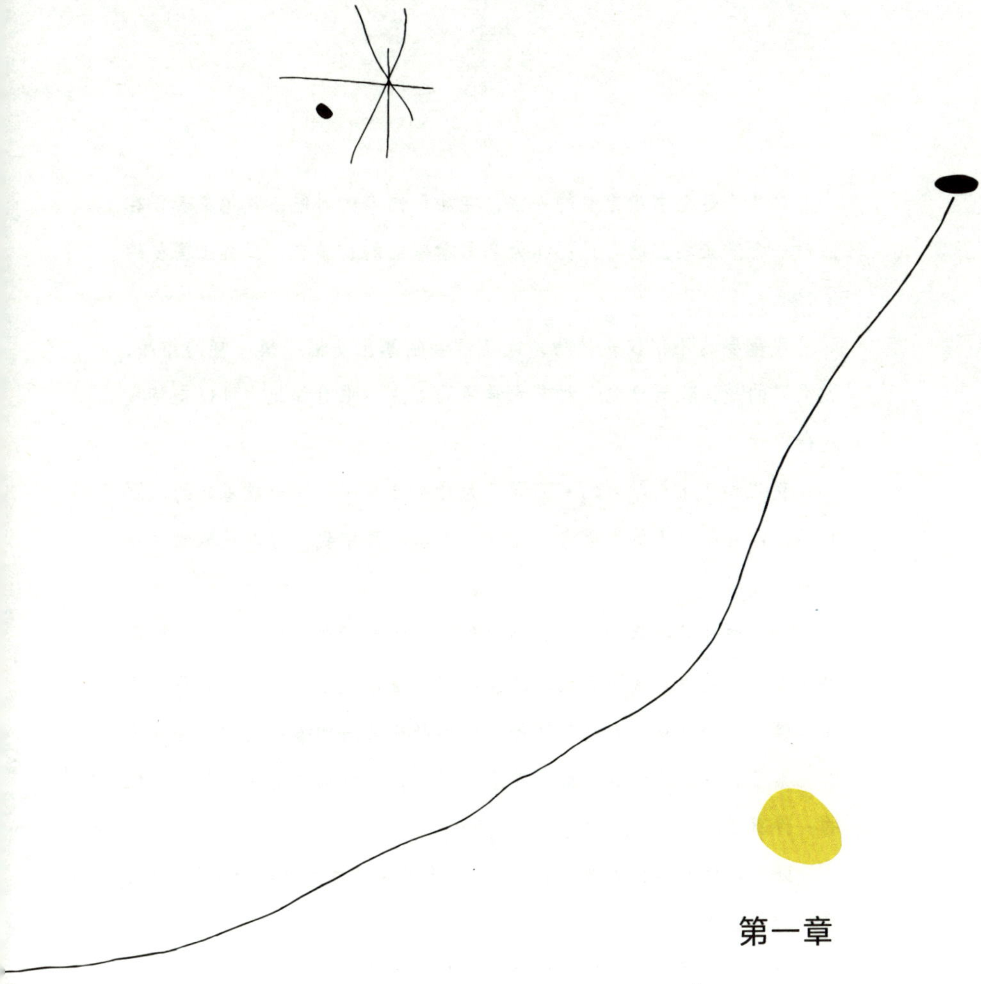

第一章

就从一根线条开始

这几乎是全书最重要的一章，在规划内容的时候，我想象着正在面对一个学画之前的自己：作为艺术零基础的初学者，我真正需要的是什么？

我需要的不仅仅是技巧，或是学会临摹出一幅一模一样的作品，更重要的是，我要学到一种艺术学习的方法，唯有如此才可以支持我走得更远。

我想和艺术初学者们从回顾“为什么要画画”这个最基础的问题开始，或许每个人的原因各不相同，但从绘画中我们可以获取的滋养都同样美妙。

要想快速无障碍地开始画画，我们当然都需要技巧，这一章里提供了最基本的也是最不可或缺的技巧——观察线条。有了对线条的透彻理解，你会发现，自己其实每天都已经在使用和练习这个重要的艺术元素了。既然已经和它如此熟悉，那么，开始画画也就是非常自然的一件事了。

既然已经开始，就要立画为据。把艺术家档案的第一幅画收藏好，这是你的艺术起点。

准备好这场身心愉悦的冒险了吗？那就开始吧！

1.1 为什么要画画？

2017 年，我带着两个孩子搬到乡下，停下手中所有的事情，用了一整年的时间来学习画中国画。

对于一个一直全职工作且带两个孩子的艺术爱好者妈妈来说，这个经历是如此奢侈和珍贵。每天十几个小时，除了接送孩子和吃饭、洗澡、睡觉，余下的时间都在画画。在此之前，我是一个每天背着速写本的业余绘画爱好者。

在这一年里，我每天都生活在巨大的幸福感里，自己有很多深刻的体会，生活还在继续，而我已经不再是过去的自己了。

后来，我在《更大的信息》中读到一句话，总结出了我所有的感受。

大卫·霍克尼是一位快要 90 岁的老人，他用过各种各样的创作材料和形式，拼贴、油画、舞台布景、打印机、苹果手机……任何和影像相关的新技术刚出现的时候，他都会认真钻研、熟悉特性并用于创作。

他说："在画了那些花草之后，我开始看到它们了。如果仅仅是给它们拍个照，那就不会像画画时那样专注地看。因此，它们也不会对你有这么大的影响。"

我们习惯于每天举着手机拍照，以为拍下来就在某种程度上“拥有了”照片里的东西，其实对于每年你拍出来的成千上万张照片，你大多是不会回去再看一眼的。而在你们短暂的交互中，你并没有和你看到的东西产生真正的交流。

唯有当你慢下来，去认真揣测如何将它从三维世界呈现到面前这张二维的白纸上，你才会从各个角度去观看它的细节。因为进行了绘画，真正的观看才得以发生。（关于如何观看，下一章有详细深入的阐释。）

看到大卫·霍克尼的这句话时，我发现书上还配了一幅他画的路边的一棵很不起眼的小草。他是在美国生活多年之后，年纪很大时才回到他在英国的老家（东约克郡）的。连他自己都没想到，曾经叛逆求新的艺术青年，竟然画上了“传统”的风景画，而且一画就画了好多年。

这些从小司空见惯的风景，为什么画起来就没完没了呢？大卫·霍克尼告诉了我们画画的真正意义所在，那就是：绘画不仅仅是画出作品，更重要的是更深入地感受到世界对自己的影响。

我把这句话放在这里，就是希望大家在学习绘画的过程中，通过思考和练习，能够用一种新的眼光去看世界。

这就是我们要画画的原因：一旦获得这种新的观察的角度和方式，就会发现自己跟从前再也不一样了。

同样，在看待孩子的创作的时候，也会更加理解他们那种天然而犀利的观察力和眼神。

在这本书里，我希望和大家分享很多不同风格的艺术作品，让大家去接触不同类型的艺术家，从而拓宽我们的艺术视野。

在整个画画过程中的小目标就是，带领大家获得那种“放下手机，认真观看”的能力。

也就是说，每当你到了一个新的地方，看到一个新的事物，或者是花花草草，或者是人工的制造物，你不再是下意识地拿起相机或手机去拍个照就完事了，而是更愿意打开随身携带的小本子，把它画下来。

在画的过程中，你可以跟眼前的事物建立联系，产生交流，这样你看待它的方式也会和以往截然不同了。因为画画会改变你，改变你观察事物的方式，改变你看待世界的方式。

真的有那么神吗？事实比语言能够描述的还要神奇！

当我看到大卫·霍克尼那句话时，有种当头棒喝的通透感。对了，这就是我在持续长时间画画后一直想表达出来的一种体会，因为我跟世界的关系和从前不再一样了。

说得很玄是不是？已经迫不及待了，对不对？那就开始这场神奇的艺术之旅吧！

1.2 线条是什么？

听到这个问题，或许你的第一反应是：“这算是个什么问题？”在这一节，我们一起先来看几张线条的图片，试着换一个视角去重新认识线条。

图 1.2-1 ◎ 线条（1）

你会如何评价图 1.2-1？

这些线条，是第一次上中国画课、第一次使用笔墨的二年级小朋友画的。每次我都会给初次接触笔墨材料的大小学员一点时间，让他们自由地画一些线条，有意思的是，每个人画的都是完全不一样的。

图 1.2-2 ◎ 线条（2）

每个人的线条其实就是每个人性格的体现。通过自由绘画出来的线条，我们不仅可以了解每个人画画的方式、绘画基础，更可以对他们的性格和行事方式有一个大致的概念。

比如，画的线条短促、粗壮的人，性格大抵略显急躁；而画的线条纤细、柔弱的人，性格基本会内向一点点。

这个线条（见图 1.2-2）的作者和第一张的作者性格有什么不同？你来猜一猜！

每个人都是有天生的秉性的，在大家拿起笔画线条的时候，我就已经能看到每个人的不同了。中国画材料中的毛笔和纸墨，和使用的人息息相通，更能够体现出人的个性。

每次在摸底的过程中，我让大家比较自由地去画直线、曲线，观察大家握毛笔的方式，都可以看到不同的孩子在用笔的时候，在画线条的时候，都是有着完全不同的行事风格的。

一些艺术老师，尤其是教中国画的老师，常常会带着学生们画现成的作品，虽说中国画的范式学习很重要，但对于低龄的孩子其实并不适合。即便是对成年人，在学习范式和技巧的同时也不应该忽略了人与生俱来的个性。绘画能走多远，其实和个性有非常大的关系。

前面我们看到的是孩子们画的线条，是抽象的线条，在画的时候并没有想要描绘任何具体的事物。这是一种自然的，所谓“无意义”的线条。

线条作为最重要的艺术表达元素，显然可以做得更多。接下来图1.2-3里的线条就承载了不同的诉求。

疫情暴发的时候，我们刚到达位于美国西海岸的朋友家。航班停运等各种坏消息接踵而至，我们每天都在极度忐忑的心情中度过，不

图 1.2-3 © 戴亚楠 日常写生

知道未来会怎样。但是有了大量的时间，于是我就开始画画，把朋友家里里外外各个角落都画了个遍，一年里画了七八个写生本，住过的房间、吃过饭的餐桌、每次超市采买的成果……

图 1.2-3 这幅写生是朋友家的餐厅一角。里面用到了一些什么元素呢？当然就是线条！

现在看到的这幅花卉白描（见图 1.2-4）是我初学中国画时的一张练习稿。对线条的把握是中国画初学者的必修课，白描对线条的要求就更高了，花瓣、根茎，每一处都不得草率，要落笔留痕。

图 1.2-4 ◎ 戴亚楠 花卉白描

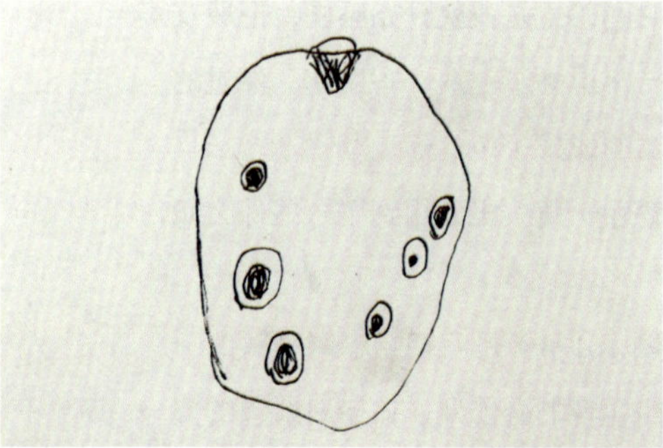

图 1.2-5 ◎ 悠然　埙写生

图 1.2-6 ◎ 石涛　山水册页局部

至此，我们已经看到了不同类型的线条。线条可以用来画人物，也可以画日常的小物，还可以画孩子脑海中“无意义”的抽象意象。

图 1.2-5 中的又是什么线条呢？我家弟弟 8 岁的时候，参加了一个朋友组织的中国文化夏令营。其中有一个课程是跟老师学习做埙和吹埙，然后回家我就发现，他的速写本里画着一个这样的埙。

虽然他画得跟现实中的埙不一样（因为若埙做成这个样子，恐怕就吹不响了），但是又很有意思。大家可以看到，即便如同孩子一样没有什么技巧，用很稚拙的线条也可以画出他想表达的事物。

从以上这些图片里，我们看到了各种各样的线条，说得高大上一点、理论性强一点，就是石涛在《苦瓜和尚画语录》中的“一画论”：“一画者，众有之本，万象之根，见用于神，藏用于人，而世人不知。所以一画之法，乃自我立。立一画之法者，盖以无法生有法，以有法贯众法也……”

从石涛的这幅山水册页局部中可以看到线条的无限潜能，它被艺术家赋予了极大的表现力。能够看到遒劲的风吹动树梢，干枯的树枝在风中无力挣扎，向一边歪斜着。与之呼应的是一叶扁舟上这个划船的人，虽然面目细节刻画得并不清楚，但从他的身姿上能够看出，这船划得相当艰难，脑后飘飞的帽带也在告诉我们他顶风逆流的处境。

那么，这位风格广泛多变、难以划分流派、独具一格的大师提到的“一画”，又到底是什么呢?

它就是线条吗？为什么要放在这里讲？听到了许多不同版本的解读，应该相信哪一个?

我从中看到的意思大致有几层：

A. 一画就是一划，一条线；

B. 一画是最原始、最完整的线；

C. 一画便是一切。

停下来想想，你认同 A、B、C 哪种诠释呢?

也许大家选 A、B、C 的都有，其实我觉得没有标准答案，除非石涛他老人家跳出来说他想表达的意思就是 A、B 或 C。

每个人都可以有自己的理解，而且我们可以把这三层意思理解为画线条或者创作线条的不同阶段。这里用线条代表绘画这件事，是因为中国画里线条就是最重要的，甚至是唯一的元素。

在初始阶段，大家就把它当作具体的一条线，从哲学的角度来看，它就是最原始、最完整的线，而当你画熟练了，人线合一了，一画便是一切了。

所以，答案 A、B、C 可以是在不同阶段的理解，全部都是正确的。或许你还可以用一个你的角度的 D 理论来解释它，为什么不试试呢?

石涛的说法似乎更能够为我们所用，或者说为我们这个阶段所用。东西方对线条有着完全不同的诠释，传统的西洋画更侧重于用阴影、色块来塑造真实感，反倒是在抽象绘画出现之后，线条的表现力和价值才被重视起来。这个基本艺术元素的意义被发现和挖掘了。

大家横过来看图 1.2–7，这显然就是另外一种线条。这是康定斯基的作品，他出过一系列比较有影响力的、关于点线面的艺术修养和艺术家的艺术精神方面的书，奠定了抽象艺术的理论基础。

他的理论一时半会儿讲不完。作为法学博士的康定斯基出生于莫斯科，之后去了德国，并转行做艺术创作。在包豪斯设计学院工作了 10 年，他的整个艺术思想、理论体系的构建，基本上都是在这 10 年当中完成的。

他的点线面的理论，大概意思就是：点是最重要的基础、最基本的元素，线是第二元素，即先有点，点在移动之后留下的轨迹就是线。

他认为线有两种诠释的方式：一种是外在的，即“每一根独立的线条就是一种元素”；另一种是内在的，即“活跃在其中的内在张力、方向决定了线条的简单和复杂”。

在康定斯基的作品中，他诠释了不同点线元素的组合对艺术内在的东西的体现，表达了情感以及艺术家希望表达的内容。

在这本书中，为什么要讲这些内容呢？我觉得它们还是非常基本的，毕竟不希望像很多热门课程一样，大家迅速地一笔一画重复范画，完成一幅看上去还可以的作品，却并不能对艺术素养的提升更有帮助。

在我们创作前和创作中，需要有更广阔的视野去理解我们正在做些什么，而这些关于艺术的基本理念可以支持我们的绘画之路走得更长久，也可以让我们与艺术更紧密和深入地联结。

图 1.2-7 ◎ 瓦西里·康定斯基《构成第八号》

图 1.2-8 © 瓦西里 · 康定斯基《黄 · 红 · 蓝》

如果讲线，我们就要看看古今中外不同的艺术家的线条是怎样的，可如果按照通常艺术史的时间线索去讲，还是会离我们太远。而如果把学习动手绘画作为主线，我们在艺术史的学习上就可以更加灵活、更加贴近艺术家，也会有更多的角度可以切入。

我跟很多想学画的成年人交流过，她们经常说“我不会画”，或者在画的时候说“我画得不好”。为什么会有这样的反应？好与不好又是怎样来判断的呢？

我觉得，判断的前提是我们一定要多看，因为没有某种艺术形式或者绘画媒介一定高于另一种，看得多了，我们会逐渐形成自己的艺术欣赏水准，不会简单地认定画得具象就一定比抽象表达更高级，或

图 1.2-9 ◎ 凡 · 高 《阿尔勒公园里的灌木丛；诗人的花园 2》

是认为传统的绘画形式就一定是落伍的。

我鼓励大家多看。若在这本书或者其他地方发现了入门的线索，一个名字、一幅画或是别的什么，不妨开始随时随地地主动搜索相关艺术信息，形成习惯。

经过这些越来越主动的探寻，你会不知不觉地对艺术了解得越来越多，从而形成自己的视觉储备。在你画画和欣赏艺术的时候，这些储备能够强有力地帮助和支持你。

既然已经从线条开始，我们就来看看这幅作品（见图 1.2-9）。大家能看出这个作品是谁的吗？对，是凡·高的。线条急促且极具表现力。如果离开了他的色彩，不知道还能不能看出是他的线条呢？

蒙德里安应该是大家耳熟能详的艺术家了，他的作品被商业化使用得特别多，好多美术培训机构都愿意用他的作品来做封面，或做课程背书，所谓“向大师致敬”。他的作品好像很简单，人人都可以用其中的色块，其实除了色块，还能看到他对线条的另外一种使用方式：用几条黑色直线切割画面，进行布局（见图 1.2-10）。

实际上，画画就是把你所看到的三维世界变成二维的。那么，该如何变成二维的呢？我在这一章节里简化掉所有其他元素，把颜色全部忽略掉，只用最基本的元素：线条。

再来看这幅作品（见图 1.2-11），是不是也很熟悉？这就是毕加索的《牛》，其中有很多的变形。

图 **1.2-10** ◎ 蒙德里安《百老汇爵士乐》局部

图 1.2-11 ◎ 毕加索笔下牛的变形过程

图 1.2-12 ◎ 黄公望《富春山居图》局部

图 1.2–13 ◎ 潘玉良 《月夜琴声》

忽略掉不同的灰度，只保留线条，这也是一个非常简洁和抽象的牛的形状。所以，我们选择线条作为最基本的元素。

从上页这幅作品（见图 1.2–12）中，大家能看到画的是什么吗？黑洞洞的山水？这是黄公望的名画《富春山居图》的局部。

在我家里有个很长的册页，我只拍了《无用师卷》[①] 的一个局部。从中可以看到，他的用笔跟很多画家的，比如石涛的有所不同，线条灵动，仔细看会发现有诸多变化。黄公望也是成年之后才开始学画，算是我们成年人开始学画的一个楷模呢！

把绘画和艺术当成一辈子的事，真的就不焦虑了。具备了生活阅历的我们，只要进入了艺术之门，年龄反倒是学艺术最大的优势。

我专门选了这幅作品（见图 1.2–13）。它现在应该仍珍藏在上海龙美术馆中，电影《画魂》讲的就是它的作者——女画家潘玉良的故事。这幅作品叫《月夜琴声》。

讲课讲到这部分的时候，我跟一个做艺术推广的平台交流了潘玉

① 指传世名画《富春山居图》的后半段画幅。——编者注

图 1.2-14 ◎ 大卫 · 霍克尼　舞台设计稿

良的一些创作、生平等，又一次从头看了很多她的作品。

虽然潘玉良当年在法国时受到野兽派、印象派的很多影响，但同时她也把很多中国画的线条融合在创作中。在法国做展览的时候，因为这些有力的线条，她被评价为“铁线娘子”，被说成“一笔定局”。

中国风的线条融合用在西洋的画法里面，也毫无违和感。我一直觉得，东西方艺术不是对立的，没有哪个更加优越的说法，只有不断地学习、借鉴、融合，同时不丢失自己所属文化背景下的独特性，才能慢慢找到独特的艺术语言。

当然，作为初学者，我们还有很长的路要走。从线条开始，大概是符合中国人文化基因的一个方向吧。

图 1.2-14 是我在本章刚开始时提到的不断跨界的大卫·霍克尼在 1975 年的一个画稿，这是一张舞台设计草图，是用彩色墨水绘制并且剪贴而成的舞台效果示意图，仔细看的话，这里面用到的其实都是线条。

在选择以上这些图片的时候，我基本是比较“随机”的状态，不是因为不负责、很随意，而是更希望大家了解，关于线条的这些阐述并不是“特例”。回想一下最近你看到的、想到的，新的旧的平面作品中，无论是杂志插画，还是美术馆的展览，甚至商业视觉里的广告设计、产品包装……都有线条的存在。

如果你只看到了大块的色块，我们在这个阶段暂时不妨把它也理解为线条，只是变形的、加粗的、有颜色的线条而已。这样一来，纷繁的艺术作品分析起来就简单多了。

1.3 线条和我有什么关系？

在美国 K12① 的艺术教育课程关于艺术元素的阐述中，线条也是需要学习和掌握的最基本的元素。如果想要快速进入绘画的状态，线条是我们可以用的最基本、简单、实用的元素。

重要的是，对你来说，线条已经不知不觉在你的生活里扮演了无处不在的角色！你和它的关系比你想象的更紧密，只是你并没有把它和绘画联系在一起而已。

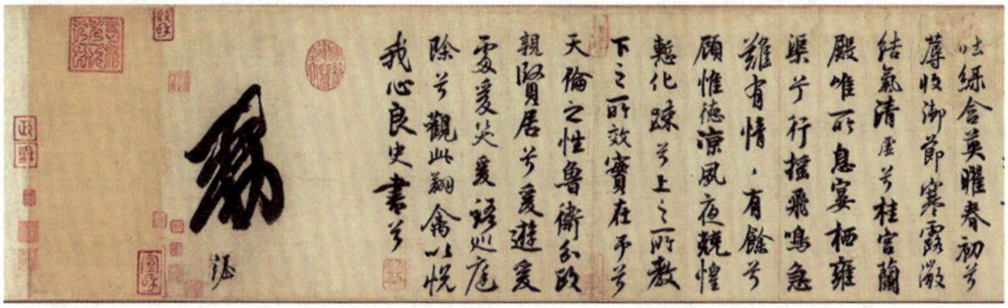

图 1.3-1 ◎ 李隆基《鹡鸰颂》上的画押

每天你都在“制造”很多线条，你的签名就是你制造的线条！

是的，当我第一次这样看待线条的时候，一下子就放松下来，爱

① K12，教育类专用名词，是学前教育至高中教育的缩写，现在普遍被用来指代基础教育。——编者注

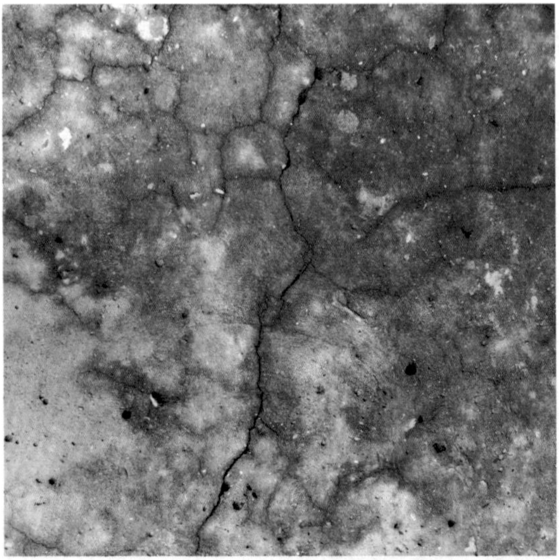

图 **1.3-2** ◎ 地面的裂缝

上了自己在纸上留下的任何印记！

每天你都会看到线条。

一次我到 798 艺术区看展览，有只小虫子从脚边飞过，颜色特别鲜艳，我就跟着它的身影看过去，突然发现脚边水泥地的裂纹在阳光下显得特别漂亮，就把它拍了下来（见图 1.3-2）。

在写这本书时，突然想起那个偶然相遇、让我念念不忘的线条。其实，在你身边的很多地方，都会有这种你突然遇到的线条，如果有机会把它画下来，会是件蛮有意思的事情。

陆羽《怀素别传》中记载，书法家怀素和颜真卿曾经高手过招，探讨书法真谛。怀素说："……其痛快处，如飞鸟出林，惊蛇入草，又如壁坼之路，一一自然。"轮到颜真卿，他说："何如屋漏痕？"怀素大呼："得之矣！"

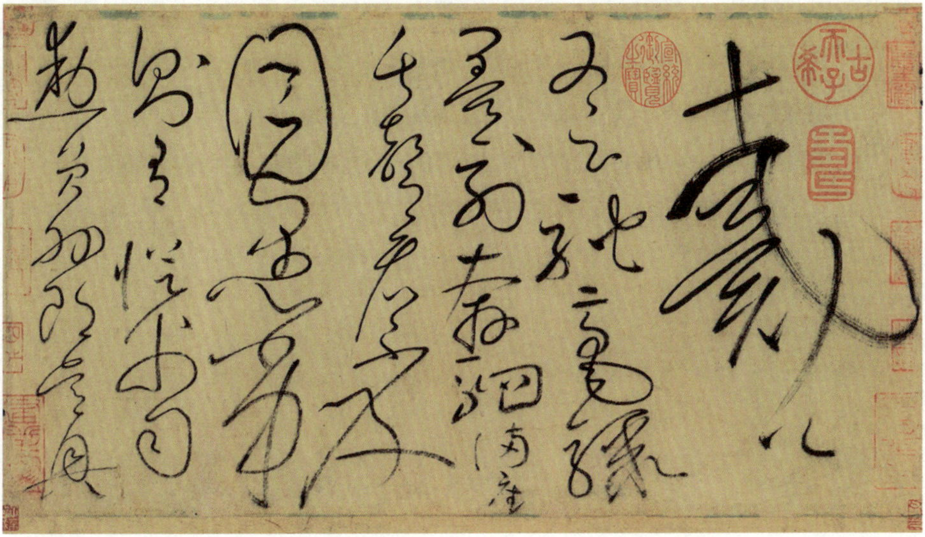

图 1.3-3 ◎ 怀素 《自叙帖》局部

其实，这个传为美谈的桥段正是在告诉我们，线条无处不在，无论如飞鸟般迅疾还是如屋漏痕一样迟涩，都体现了不同的节奏和速度。自然界中处处都有不经意却伟大的瞬间和痕迹，等着我们去发现。

每天你都在解读各种线条。

简单的线条可以传递很多信息。比如，动漫人物樱桃小丸子脸上的几条黑线，大家应该都知道它们所代表的意思，很多流行的表情包都是这样，甚至我们会用手指来示意脸上有几条黑线，表示小尴尬的状态。瞧，几根线条简单的组合就能传递很多的信息，解读线条已经成了流行文化的一部分。

那么，线条跟你有什么关系呢？

每天你会看到线条，会制造线条，也会解读线条。

当然，你也可以填空完成这句话：“每天我都__________线条。”

参考练习

我们一起做一个小小的练习，用一分钟观察一下现在你周围的景物。无论你身在何处，都一定会发现线条。

现在，用一分钟的时间把它画在下面的画框里。用任何笔都可以，不需要用橡皮，不需要修改。

欢迎来到被线条包围的世界，祝贺你刚刚创造了完美的线条！

1.4 什么是好的线条？

在画画时，什么是好的线条呢？大家有自己的标准吗？

其实很简单：只要是流畅的、自信的、真诚的线条，就是好的线条。

很多成年人在画画的时候，明明可以很自信，只是因为想得太多，在落笔时反而会显得很犹豫。他们会考虑太多技巧层面的事情，比如该如何起笔、落笔等。因为我们一直在追求那个完全“正确”的东西，如此过程中创造出来的线条一定也是犹豫和缺乏表现力的。

但假如你跟孩子一起做这件事情，你会发现，大部分孩子是很果断的，落笔无悔。在过去组织的许多次亲子艺术活动中，我一次又一次地验证了这个发现。

当我把儿童水墨课上孩子们第一次画的线条发到朋友圈之后，我的一位艺术家老师说：“线条真的是太好了，我感动得眼泪都要流下来了。”因为他教授很多成年人画中国画，深知得到这种品质的线条是多么不易。

孩子们灵动真挚，不会想那么多，就是在真诚地表达自己，所以他们的线条更直接、更顺畅，让人感觉更舒服。

我们看很多艺术作品是为了提高自己的艺术品位，我们研究琢磨绘画技巧是为了深入理解艺术家和作品的由来。在我们着手画时，其实反而可以不用想得太多，放松的状态是必要的基础。

当然，不能说任何的杰作孩子都能随手无意识地创作出来，但是你不妨停下来安静地想一想，在每个领域大概都有这样的规则：无数的刻意练习，其实追求的就是大象无形、大音希声、不着痕迹、一气呵成这样的境界啊。

下面来看一些好的线条。需要说明的是，在这个学习的路径中，我更多地借鉴了中国水墨画的素材，因为中国的绘画更多是由线条组成，摒弃了对光的表现，因此也就不需要用阴影来塑造所谓的视觉错觉——立体，而是呈现为线和网状。

不夸张地说，线条的品质就是判断中国画优劣的基本原则。

我们都说“吴带当风”，这是在说吴道子。图 1.4-1 是吴道子的作品《八十七神仙卷》的局部。徐悲鸿视之为珍宝，历尽坎坷将它收在身边。这幅画气势磅礴，画面中有 87 位道教神仙人物，神态超然，衣裾飞扬。

很多学中国画的人以此画为标杆，临摹线条进行学习。

我有一位画中国画很专业的朋友，她从初中开始画中国画，后在美院中国画专业学习，还在新加坡做过艺术学院的老师。她的画特别好，很有灵气。虽然这些年因为专注于育儿，并没有做职业艺术家，但艺术让她的生活一直特别充实。

图 **1.4-1** ◎ 吴道子 《八十七神仙卷》局部

早年她看到我自己买了笔墨画册乱画白描，就鼓励我说：“你不学也没有问题，你只要把《八十七神仙卷》都画下来，就可以了。”

图 1.4-2◎顾恺之《女史箴图》白描摹本局部

临过了才知道，这就是好的线条，经典里的经典。

我们从历史书里知道吴带当风，这是概念上的知道，真正体会到线条的妙处，风从何处来，需要自己动动手，稍微再进半步，才能领会到我们已经听过许多遍的道理。

再看一幅《女史箴图》(见图 1.4-2)，作者是顾恺之。这些年代悠远的画作，我们后世看到的都是摹本，但临得也足够好，不影响我们遥想真迹的精美绝伦。从图中我们可以看到，他用很简单的线条就把人物的飘逸感画出来了。

当我看到这些作品时，常常感到很诧异，为什么小时候的历史书里面，没有把作品最精彩的部分展示出来呢?

这幅图（图 1.4-3）也是《女史箴图》的一部分，抛开里面关于女德的内容，单看画面的线条，清晰流畅，高度概括又真实。

图 1.4-3 ◎ 顾恺之《女史箴图》宋摹本局部

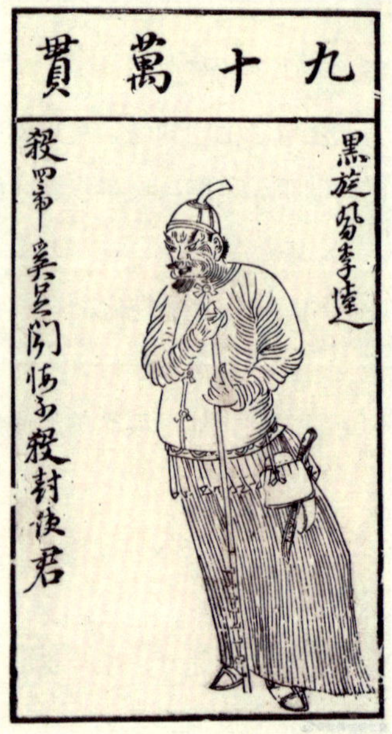

图 1.4-4 ◎ 陈洪绶《水浒叶子》李逵

这些作品都是经典，其实不需要我来点评，多看多实践，看进去了，自然就能体会到好的线条有什么样的质感。

陈洪绶在这幅《水浒叶子》人物作品里，同样只用了线条来表现。除了造型的精准外，从线条也能够看出人物的不同性格，衣服褶皱也是用寥寥线条精要概括。

我曾经让水墨课上的小朋友临摹《水浒叶子》，他们大都能够非常果断地画出这些人

图 1.4-5 ◎ 马远《水图》之《洞庭风细》

物，虽然形状都没有那么“准”，但个个都显得别样生动。

前面把康定斯基关于线条的理论放进来，是因为他讲的虽然是抽象艺术，但涉及线条的部分，他的诠释特别适合我们这一阶段的学习——透过表面，看到线条的本质和能量。他说：“不管是画人物还是其他什么，外在的就是你画的这些线，内在的就是你想要表达出来的东西，哪怕它外在的看起来没有那么像。”

就比如粗犷的人物和嶙峋的岩石，除了外形，描绘线条就可以把这种内在性格和质感表达出来。线条当然不仅是勾勒外形，还可以表达内在灵魂。

线条能够表现的比我们能够想到的还要更多，最经典、最极致的大概要数南宋画家马远的《水图》了。

图 1.4-5 画的是洞庭湖湖面的波澜。我曾经在美国的一所创新中学教中国艺术课，我问世界上最难画的是什么，孩子们果然都说是水。看到我带去的印刷品长卷《水图》，他们都很惊讶，虽然看不懂

图 1.4-6（1）

图 1.4-6（2）

图 1.4-6（3）

图 1.4-6（4）

中国字，但都迫不及待地通过这些线条去猜测江河湖海各是哪一幅的水面。

神奇之处就在于，马远在《水图》中可以用线条这一种元素的千变万化把水的多种样态表现出来，这大概是线条使用的极致了。我也把《水图》中的线条临过几遍，临的过程中更加体会到用笔用墨的多变。

中国文化好像最擅长用最基本的工具来表现最复杂的主题，这种感觉和中餐很接近，想来毛笔和筷子都是不能离手的文化传承，让人从物质到精神都能得到满足。

虽然我们的绘画课初始用的工具不同（后文会提到），但是我们依然可以从中受到很大的启发和激励——用简单的工具和基本的元素也可以画出极好的画。所以，先不急着做“器材党”。

《水图》中的江河湖海，对不同地域、季节的水都有描绘，每一幅都能把水纹不一样的状态表现出来，蔚为大观。临《层波叠浪》时，感觉特别激动；临《秋水回波》时，心情平静低回。

我从《水图》里选了四幅局部画面（见图 1.4-6），它们的题目分别是《层波叠浪》《长江万顷》《黄河逆流》《秋水回波》，你可以猜猜看每一幅和题目如何对应。答案将在本节的最后揭晓，不要先偷看哦！

有机会大家可以在网上搜索这些图看看，跟它们凝神对视一下。然后，再去看看真正的水面，看看波浪和波涛是不是这样的形态。

所以，画画真的不是非要画得很烦琐才富有表现力，你可能只画简单的一个点、一条线、一根枝杈，它们也可以很有生命力。

在我学画的时候，遇到几位很棒的艺术家老师，他们采用的是那种私塾式的教学方式，只收很少几个学生，带着大家一起画、一起讨论，耳提面命。

之前我虽然没学过画画，但好多年都有带速写本随时写生的习惯，自我感觉造型能力还挺好的。每当看到很复杂的东西我就特别喜欢画，比如刚买回来的一大簇花、特别复杂的植物等，我会画得特别来劲，就想把自己探索好多年的白描技巧使用出来。

深入学画之后，我终于意识到，不只是画复杂的东西能显示技巧，有时候越简单的东西反倒越考验功底，因为每一根线条都是不能含糊的。如果结构比较复杂的话，像穿插的植物枝蔓，就会隐藏很多东西，看着很复杂，其实反倒简单了。

从画简单的东西中，一眼就能看穿一个人的线条表现力。所以说，《水图》堪称中国画线条使用的极致。

答案：

图 1.4-6（1）《秋水回波》

图 1.4-6（2）《层波叠浪》

图 1.4-6（3）《长江万顷》

图 1.4-6（4）《黄河逆流》

1.5 如何从一根线条开始？

从线条开始，是一个更聚焦的角度，忽略掉各路流派纷繁复杂的方法，专注做好一件事（这已经很不容易）。只要按照步骤去持续做练习，并且对自己多一点信心，每个人都可以做到。

我们该如何从一根线条开始呢？其实我们刚才在上一节已经涉及一点点这个话题了，大家是不是已经拿着小本子蠢蠢欲动了？

石涛说："夫画者，从于心者也。"

从翻开这本书开始，我们就要把自己当作画者了。

为什么让妈妈们一起学习呢？我想，在这个匆忙的世界上，愿意打开一本面向成年人的绘画书的每一位读者都心有戚戚焉，大家对于艺术有被压制已久的渴求。

像前面所说的那样，孩子的画是自由的、灵动的、发自内心的自我表现。这一点其实我们都能够从孩子身上体会到。

画画要"从于心"，可是，我们怎样做才能回到那样的状态呢？就让我们从今天开始，一起来学习绘画，来接近绘画，来当画者吧。这个心态的转变非常重要，不需要把能量再浪费在"我没有天分""我没学过"上，这些都不是问题，重要的是对自己有信心。

之所以把重点放在这个"非刚需"的成人绘画学习上，是因为我看到，讲再多关于艺术教育的道理，其实症结往往还在家长身上——我们忘记了自己身上存在的艺术天分，束缚了自己，也束缚了孩子。

作为画者，“从于心”是什么意思？其实大家可以从孩子身上找到答案，就是那种纯粹又专注地释放自己的状态。

在我的家庭美育导师工作坊中，有个“一线画”的环节，通常是由所有参与工作坊的美育导师们共同完成，几乎每次都会成为一个太过投入以至于停不下来的集体创作。

很多我在工作坊中用到的艺术语言和工作方法都来自现实中的艺术家和作品的启发。这个“一线画”的灵感来自我的艺术家朋友杜婕老师——非艺术科班出身的她，因为热爱而成为优秀的职业艺术家，每次讲到她的故事，大家都感慨良多。

杜婕老师的艺术语言就是线条，纯粹的线条。她用一根线条画画，一画就是十几年，只是每个阶段用的材料不同而已。她的画，除了工作量很大，还会让人感到有些不明白：为什么她会花那么多时间去画这样的一些线条？

她也曾解释过，每每在画的过程中，她的内在会有很大的变化，会有很平静、很享受的那种感觉，跟自己对话时，每一次都会生发出很多的东西，她这十几年就是一个修炼的过程。

图 1.5-1 © 杜婕　No.DJ 20210005

图 1.5-2 ◎ 和千年古树奇妙接近

2018 年的夏天，我邀请一些家庭去 798 艺术区参观她的画展，和她一起画“一线画”。后来我才知道，那竟然是她近 20 年以来第一次跟别人一起创作线条画。

再后来又有很多次，我约上很多妈妈一起创作“一线画”，大家都乐此不疲，会一直安静地画很久。大家说，在这个看似简单的绘画过程中，有很多东西想要表达。比如，有位妈妈说，她好像置身于大海，非常投入地、安静地画那些线条；另一位妈妈说，好像在那一个小时的时间里，喧嚣的世界被屏蔽在外了，她很投入地只跟线条发生关系，世界上好像只有这根线条，只有她自己。

我觉得大家说得特别好，真的就是那样的一种状态：世界上只有我和这一根线条，只有这个当下。

我希望，哪怕我们不是画杜捷老师的这种画，而是在画自己的线条的时候，也可以找到这样的一种状态，一天哪怕只有 10 分钟、5 分钟甚至 3 分钟，都是可以的，重要的是和自己在一起。

有位妈妈度假归来，静心画了许久，她突然发现，自己笔下自然流动出的图案竟然和旅途中遇到的一株千年古树的树皮图案十分接近（见图 1.5-2），不禁连连赞叹。

我给这个绘画活动命名为“水墨线条瑜伽”，大家都认为实至名归，就是这样一种疗愈和抚慰心灵的感觉。

关于如何开始绘画，我想再给大家讲一个故事。我曾经旁听过一位老师的中国画课，在课上遇到一个小姑娘，特别喜欢跟人交流。她看见我就说：“我的理想是以后当一个艺术家。”我说：“好啊好啊。”在画画的时候她又不停地问：“老师，我不会，老师，我可以这样吗？老师，我可以那样吗？……”好像她刚做了一点点事情，就问老师自己做得对不对。

后来，机缘巧合，我也开始教孩子们画水墨，我发现，自己下意识地会向这样的孩子倾斜关注。这类孩子真的很想画，其实她不是不会，只是没有自信。

那个爱聊天的小姑娘也来上了我的水墨课。当我出于水平摸底的目的让大家拿笔自由地画起来的时候，我发现整个课堂里画得最精彩的就是她。她自在起来之后，笔下的线条粗细不一样，有很多的变化，好像每根线条都有一个故事。

果然，在我的课上，她再也没有说过“我不会”“我不行”“我不能”之类的话。我觉得画线条这件事，每个人都可以做到，只要你真正相信自己。记住：要向内求，因为只有你自己可以给予自己能量。

无论你去到任何一个新的地方，出差也好，游玩也好，你都可以把自己觉得感动的地方或者看到的东西画下来。重复前面的小练习，从三维世界里发现你的线条，从一点一滴开始，这个线条慢慢就能为你所用了。

我特别敬重的艺术家和艺术教育家刘牧先生，也是我老师的老师，他的一句话让我记忆深刻："用心，心到。"当时一起学画的朋友都很想去听听老先生有什么高深的秘诀传授给学生，最终就听到这四个字。

但想一想，这大概是最实用的四个字了。

成年人学画画，每一个人的状态都不一样：有人可能有点童子功；有人可能有相对专业的背景，只是好久没画；还有人从来都没有接触过。每个人对事物的理解和看待事物的角度也不同，但只要大家用心，就会心到。

我们每一个人的状态也是在不断地变化着的。对艺术的了解，对生命的了解，不同阶段的生命状态，还有身边环境的变化，等等，这些都会影响到你。

就如同我们不会两次跨进同一条河流一样，每一天我们都处在变化当中，每时每刻我们都在成长。

所以，只要大家用心了，努力过了，就一定会心到。

而且，这个"到"对每个人来说是不一样的状态。我们今天努力是到这里，读完这本书、持续练习一阵子、开启主动的探寻模式之后，每个人能到哪里，都会有不同的路径和造化。

在这一章里，我把这句话也送给大家："用心，心到。"

就像这本书一样，虽然它不是完美的，但是我用心了。

今天心到了这里，我希望在这本书的旅程之后，能够带大家到达一个更美好的层面和境界。艺术、绘画无关他人，只关乎你自己。

1.6 不如“立画为据”

在艺术学习的启程阶段，听了看了许多的理论之后，还是要落实到笔尖和纸上。前面花费的时间和精力主要是想告诉你，你可以。也请你对自己说一声：“我可以的。”我把自己对于艺术入门摸索到的经验用心整理在这里，而这份信念只能靠你自己了。

不管现在的你是什么基础，未来某一天再回看今天的时候都是异常珍贵的。这一节就请你立画为据，记录此刻你的绘画轨迹。

1. 材料的选择

◎白色纸张的笔记本，纸张不要太光滑、太薄。也可以选择速写本，选择方便携带的尺寸。

◎任何品牌的质量好的、出水流畅的勾线笔，笔芯0.5~0.8毫米。

◎是的，不要使用铅笔和橡皮！（如果可以做到不用橡皮，那么铅笔也是可以的。）

我们画的每一根线条都是对的。只要你在画的时候是舒服的、舒畅的、自由的，画出来的就是好的线条。想要画出果断自信的线条，就要先习惯不用橡皮。

可能是由于曾经在美术课上经历过不适当的素描学习以及其他各种原因，我发现很多人的线条都是断续和不自信的，所以在这本书里，我希望从简易的、随手可得的、无法修改的工具入手，先断掉大家修改的念头。

2. 从来没画过，不知道如何下手

别担心，开始就好。比如，重复前面发现线条的小练习，尽你所能更完整地画一个画面。第一步只是先立画为据，知道你的绘画“基准线”。

3. 不知道画什么

在我的线上课里，提供过两个参考练习。

参考练习 1

这是我家的一株多肉植物（见图 1.6-1），算是比较容易看到“线条”的一个对象。你可以用 3～5 分钟把它画出来，画的时候可以计时。

图 **1.6-1** ◎ 多肉植物

参考练习 2

这是在一个网络试听课上让大家做的练习，过了些日子我看到还有世界各地的网络用户陆续不断发来自己的作品，非常丰富有趣。

每个人画的都是同一个主题，但展现出来的作品却大不相同，也是从一个特别的角度呈现出了世界的多样性。

我们画的主题就是——云。

东北的云

伦敦的云

图 1.6-2 ◎ 远方的云组图

这些年我收到过许多来自世界各地不同季节环境下的云，每一片都不同，每一片都新鲜而特别，哪怕线条稚拙，也十分令人感动，因为我知道，这里凝聚了一个人生命中特别的瞬间。

这个题材特别给人启发。有人说，以前从未好好地抬头看看云，静下来与她对话那短短几分钟，就像经历了一次冥想一样舒服；还有人说，刚刚发现云真是变化多端啊，还没画完，风已经吹动了她的形状……

你那里的云又是怎样的呢？

如果此刻你的上方有云，那么我建议你也抬头好好地看一看，并画下她的轮廓；如果此刻是夜里或万里无云，那么我建议你也选择一个题材，多肉图片也好，桌上的小摆件也好，因为我们要：

立画为据

如果以上的两个参考练习你也觉得无法完成，那么就把自己的心态调整成小朋友那样。闭上眼睛，想象此刻你刚刚 4 岁，无论是记忆里的真实场景，还是那种 4 岁的感觉（希望还能找到）。睁开眼睛，带着纯真的笑容，画出一些自由轻松的线条。

总之，在下面的画框里留下你的痕迹（线条），立画为据。

1.7 不可一日无画（1）

每日打卡练习

打卡练习是什么意思呢？就是希望大家每天都花一些时间，至少5分钟来画画，就像前面的练习，你不需要把一幅完整的画画完，不需要交一个完整的作品。它只是一个练习，练习的是线条。

哪怕你把多肉植物画得像一个馒头也没有关系，不是为了画得像，它就是你的一个工具而已，就是为了把这个线条画出来。可以把它当成唱歌之前的发声练习，不是为了一个完整的表演，而是为了让嗓子练出感觉，所以，尽管去发声、去画出线条来。

画的对象已经在那里了，纸和笔也准备好了，可以自由地想画什么就画什么。你可以像课堂练习那样，找个实物来画。不推荐画照片，因为画照片不需要从三维去转换，比画实物要容易很多。

建议大家也可以画一些抽象的线条，很随意地画，或者画些自然物的速写。总之，你每天画就好。

你可以把画画当成一种游戏，跟孩子一起画。我希望用两周的时间，用这支笔，除了写字之外，你还可以放松地画线条，而且不要涂改，可以画得很慢，但要很笃定、很自由地慢慢画。

期待大家能够找到这种状态。这对我们接下来的学习是很重要的。

因为这种感觉我没有办法给你，需要你在画的过程中自己发掘，然后再把它变成你的。也就是在你拿起笔的时候，不是只会签字或签支票，而是想用它来画些什么。

从上一节画云的练习中，大家可以看到，有些妈妈确实是零基础。但是当她们定下心来很投入地画这些线条的时候，虽然很简单稚拙，可呈现的画面是非常生动的。

在中国画里，“气韵生动”是最重要的生命线。虽说我们画的不是中国画，但人们要用画画来表达自己的时候，这个气韵，这个真实，这个生动，真的是最珍贵的。

我认识的很多艺术家，都还挺“忌妒”小朋友画画的，尤其是那些有孩子的职业艺术家。问他们如何教自己的孩子，很多艺术家父母都急着摆手说“不用教不用教”。其实不是说他们认为艺术教育没必要，而是作为艺术家，他们看得到，孩子的画里有很多生动的东西是他们表达不出来的。

那么，如何既能提升画画的技巧，又能保留此刻真实生动的表现力，这是摆在我们面前的一个课题，大家可以一起来研究和探讨。这也是这本书在所有的章节里努力呈现给大家的。

每天 5 分钟，无论画什么，把它画下来，坚持练习，才能把这种生动和自由真正落在笔头上。

临摹练习

这个练习是希望可以通过临摹的方式，来逐渐提升造型能力。

这一章里面的白描图片大家都可以练习临摹，比如《八十七神仙卷》《女史箴图》《水浒叶子》，或者也可以根据同样的艺术家或主题，自己去搜索作品的高清大图。从中选出至少一幅来进行临摹，如果实在没有时间，临局部也可以，时间充裕的话，可以多临一些。

绘画是一个从三维到二维的转换的过程，这其实是很需要些训练的。如果我们临摹的是已经被概括化的二维画面，那对我们初学者学习概括线条的能力，也是会有帮助的。因为很可能初期会被块面阴影所困惑，难以下手，所以，临摹的时候除了照着临线条，还要学习如何发现线条、概括线条，这要自己去琢磨、体会。

我建议的这些白描作品用的材料是毛笔和墨。中国画里面对于线条有十八描[①]的说法，在初步学习的阶段，我们可以暂时忽略掉毛笔用笔，用勾线笔画也可以，因为我们只是借用它们学习对绘画对象的线条提炼，为未来的深入学习奠定基础。

① 十八描，中国画技法名。是中国传统的线描，指古代人物衣服上褶纹的各种描法。——编者注

第二章

用眼睛随时画画

很多成年人会形容自己“不会画”，但极少有人说自己“不会看”。每天我们通过视觉接收到的信息太多了，对看的动作习以为常。然而我们习惯了浏览式地看，导致我们忽略了很多细节，无法支持到绘画。

这一章提供的练习方法，简单且极其关键。学会看的方式，看到细节，进而做到可以用眼睛随时画画。

和很多雄心勃勃的写作者、摄影爱好者一样，学习绘画时，我们也常常会不自觉地进入“器材党”的状态，徜徉在满目缤纷的画材店，买上一大堆画材……

向外求太容易，付账就可以。最难的是向内求。

每个人都是一个敏感的“感官接收器组合”，功能强大又独特。作为“硬件”的你，是否做好了准备？一起升级一下，启动感官 2.0 的新版本。

在这一章里，将带你激活“看”的功能，让你重新敏锐起来。

2.1 学会用眼睛画画

当我们画画时，在产生心流的那一刻会有平静、幸福的感觉。但画着画着，可能常常会陷入僵局，或者会有一个瓶颈期。这时候，不如把时间轴拉长一点，跳脱出来。这和做其他事情其实是一样的，我们的进步不会一蹴而就，但回看的时候会发现，每一步都在成长。

图 2.1-1 是在新冠疫情暴发的 2020 年年初，我在美国的一幅中国画写生。航班被取消，我和两个孩子滞留在异国，每天看着媒体上公布的数据不断上升，能够带来慰藉的只有画画了。我画遍了朋友房子的屋里屋外、街道和公园……外界的一切再喧嚣、再危机四伏，我们也自有方式去平静度过。

图 2.1-1 © 戴亚楠 水墨写生

虽然画画这件事情可以有一些技巧，或者技术上的引领，但真的要画出自己的画，还是要向内求，答案在你自己的手中。

上一章里，我们讲了线条，线条就是我们这个阶段最重要的工具和元素。在这一章中，大家可以体会该怎样画自己的线条。除了画线条的量之外，最重要的是你在画的过程中去体会，下次画的时候把你体会到的东西用出来，不断地去尝试一些微妙的变化。

“用眼睛随时画画”，对于每个并非以艺术为职业、每天在工作和生活中忙碌，但又对艺术心有所属的普通人，尤其适用。

不是一定要有一个专门的时间和空间，摆开看上去了不起的艺术材料，才能开始练习绘画。学会了用眼睛画画，每时每刻都可以练习，每天即便没有拿起画笔，也可以有所进步。

这个不拿笔、只用眼睛的练习，几乎是最关键的一步。不同的用眼睛观察的方式某种程度上也是区隔艺术家和普通人的一条隐形的分界线。

用眼睛画画，从现在开始。

学会用眼睛画画，一定要了解一位艺术家。下面艺术欣赏提及的艺术家，被泰特美术馆称为“20 世纪毕加索之外最伟大的艺术家”。对于普通人来说，他的名气比毕加索要小很多，但许多艺术专业人士和艺术家提到他的时候眼睛却会放光，因为他给人带来的启发和影响是极其深远的。

这位艺术家就是卢西安·弗洛伊德。对，没错，他还有个著名的爷爷，心理学家、精神分析学派创始人西格蒙德·弗洛伊德。卢西安·弗洛伊德说：“进行艺术创作的时候，人的潜意识和潜能会发挥很大作用，而且不为人的主观意志所左右……”从这句话真的可以确认，他是心理学家的亲孙子呢！

卢西安·弗洛伊德出身名门，祖上都是有文化的人，但他却被形容为“像屠夫一样的艺术家”。虽然被评价为和毕加索一样伟大，但这位弗洛伊德却认为“毕加索画得实在一般”，非常心直口快。我称他为“坏孩子艺术家”。

他在艺术领域影响巨大的作品多是人物肖像，他的好友就是上一章提到的著名艺术家大卫·霍克尼。他们二位对于观看都有非常深刻的体会和精辟的表达。卢西安画肖像的时候，面前一定要有模特在。他画得很慢。2002 年夏天，在 4 个月的时间里，霍克尼为卢西安做了 100 多个小时的模特。

大卫·霍克尼在接受采访的时候说过：“卢西安很慢，画一幅画要那么久，这就意味着你可以说话。如果你画一幅画只要一个小时，那就没工夫了。他必须真正地了解，然后看看模特脸上的各种变化，而那也正是他所做的。他离我的脸很近，可以观察脸上的细微之处。他看了又看，离我也越来越近。他有惊人的能量，犹如电波传递过来。你绝对不会在他面前睡着。”

大卫·霍克尼还说：“弗洛伊德是把无数视觉的感应与脑子里的想法一层层添加到画布上的。”

用卢西安·弗洛伊德自己的话说，绘画需要一个短时的记忆，但在画之前，你还有更多其他信息的积累和想法，你是将短时的记忆和那些信息的积累一起画在画布上。

还有一位艺术评论家叫马丁·盖福特，作为弗洛伊德的模特，他也接受了弗洛伊德眼神的逼问。他大概做了 7 个月的油画模特，还做了 9 个月的版画模特，前后一共给弗洛伊德做了一年半之久的模特。他在做模特的过程中，做过非常详细的笔记。

在根据这些模特日记完成的《卢西安·弗洛伊德：蓝围巾男人》

一书中，马丁·盖福特是这样描述的："弗洛伊德常常看我看得很仔细，做着测量的手势，然后转身在画布上画下一笔——或在就要画到画布上去的前一刻停住手，重新观察、审视和思量。通常，在观察审视与在画布上画下一笔之间会有一个停顿，但时间很短，然后是又一次停下来思考。"

在眼睛看和动手画之间有一个很短的停顿，这个思考或者说下意识的思考，是绘画的关键所在，也是每个人将自己独一无二的个性、经验、审美融入绘画的机会。

我们看到很多所谓受过训练的艺术考生，画的素描千篇一律毫无灵魂，问题就在于他们没有把自己的观察和经验融入作品，而沉沦于所谓的技术之中。最难的不是考前班的技巧学习，而是独立探索、形成独立人格，那更需要强大的内心和持续的练习，直至它们成为习惯，成为你的一部分。

观察、审视、思量……这一章里的"看"不仅是看的单一动作，而是一个系列的过程，把你自己融入其中，落在笔下。

当然，也有一些初学者说："老师，我懂理论，只是不知道如何动手。"我想，对于这样的人而言，最重要的是，拿起一支笔，硬着头皮先动手，然后这些理论才有意义，否则还是一层层地"隔着"。

2.2 弗洛伊德也画过儿童画

所谓的不知如何动手，其实还有一层意思——担心画得不好，将自己阻隔在一种心理状态里。如果你已经可以很完美地画，我哪里还有必要在这里不厌其烦地掰开了揉碎了用一本书来阐释呢？

我们在这一章里学习的卢西安·弗洛伊德，除了看的眼神犀利，他的桀骜不驯也值得借鉴一下。这位另类的艺术家，性格也很特别，他和英国女王伊丽莎白二世之间的艺术故事，被大家津津乐道，在此一定要分享一下。

弗洛伊德为女王画了一幅肖像（见图 2.2-1）。据说当时女王一共上门 72 次，他才将这幅画完成。因为他坚决不去别的地方画画，他一定要模特到他的画室里来，女王竟然也欣然同意了。这幅尺幅极小的作品完成后一直作为重要的皇家艺术收藏。评论家认为它“至少是 150 年来王室中最好的一幅肖像画”。

卢西安·弗洛伊德于 2011 年以 88 岁高龄去世，在他漫长而神奇的一生中，发生过很多这样的桥段和故事。

他画过很多很特别的人物，但有两类人不画：一类就是演员，因为他需要模特本身给他带来的灵感够特别，他才愿意画，而作为演员，他们更容易控制表情和情绪状态，他觉得不够真实；另一类是政

图 2.2-1 © 卢西安 · 弗洛伊德为伊丽莎白二世画的肖像

客，可能是因为政客也在某种程度上进行表演、是某种类型的演员，所以他也不画。

让我们再来看一下，作为一个符合弗洛伊德标准的模特和一位评论家，马丁是怎么说的："在观察、画、思考的过程中，眼前的事物和情景会一一经过弗洛伊德的眼睛、神经系统和大脑，他会将看到的与大脑中其他与此有关的信息综合起来考虑。整个过程重复了数百次甚至数千次。因此弗洛伊德画出来的图像当然与一瞬间能够得到的图像，比如一张照片是不同的。"

大家可以仔细地阅读一下这段文字，或者回想一下自己在过去画

图 2.2-2 ◎ 观众在看卢西安 · 弗洛伊德的作品《沉睡的救济金管理员》

画的时候是不是这样的状况，不管是临摹，还是写生，它们经过你的眼睛、神经系统还有大脑……

当你画一根线条的时候，一定会有自己主观的东西在里面，因为我们不是照相式的画法，不断地重复就是一种练习。

2008 年，上面这幅《沉睡的救济金管理员》以 3364 万美元的价格创下在世艺术家作品的拍卖纪录。

弗洛伊德的很多人物肖像，不止一个观众看到说“太丑了”，这是一种下意识的反应，因为它挑战了我们“艺术应该很美”的认知。回到绘画本身，在艺术界已经被各种现代艺术绑架的时候，弗洛伊德却开始了一种对绘画本质的探索，这正是他的伟大之处。

其实，弗洛伊德早期也不是这样的风格。年轻艺术家都会被新潮的概念吸引，这位大师也不例外，曾经尝试过超现实风格的绘画。

和所有的优秀艺术家一样，不断地探索创作边界、进行深度思考是常态。这一切把弗洛伊德带到了和他的好朋友大卫·霍克尼一样的返璞归真的境界——不玩概念和材料，回到绘画本身。

不同的是，大卫·霍克尼画的是风景，而弗洛伊德画的是人像。而这个人像和古典唯美的人像又大不相同。他更着重于把一个人本质的状况画出来，因为他画得慢，通常大家会觉得，他可以在一幅画里，把一个人的很多表情，沮丧的、开心的、难过的，都画在同一张脸上。

绘画的伟大之处就在于，在一个平面上，不仅记录了一个定格的瞬间，而且还可以经由艺术家之手，把一个人更加丰富的生命刻画出来，而这其中包含了艺术家的个体经验和对人生的解读。

图 **2.2-3** ◎ 卢西安 · 弗洛伊德 《穿白衬衫的女人》

要达到这个境界，当然需要一步步来。我们通过弗洛伊德更早期的一些作品可以看到，这样一位艺术家的起点其实和我们每个人都是一样的。这可以纠正很多人的错误观念，他们看到好的作品，会说“有天分”，但他们都大大忽略了，时间的积累和投入的练习以及大量的思考更是不可或缺的。

但至少有一点可以明确的是：和大师起点相同，就不必有什么心理障碍了，从现在开始就好。

图 2.2-4 ◎ 卢西安 · 弗洛伊德儿童时期的作品

图 2.2-5 ◎ 卢西安 · 弗洛伊德青少年时期的作品

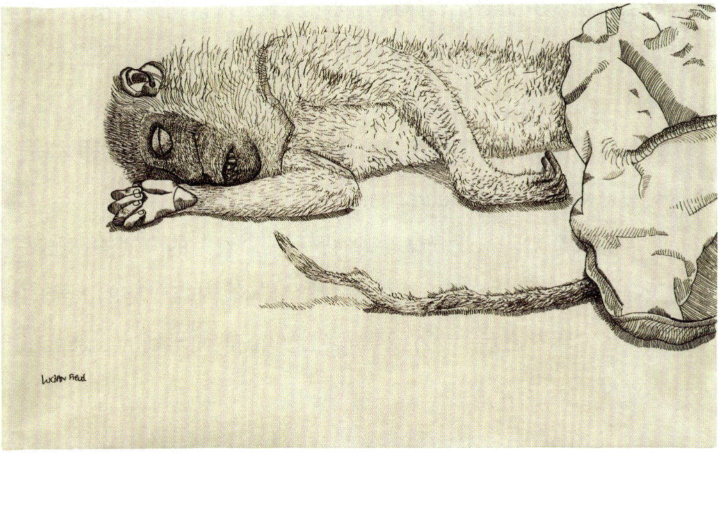

是的，大师也画过儿童画！

在他去世之后，卢西安·弗洛伊德基金会捐赠出了一大批弗洛伊德青少年时期甚至是儿童时期的习作、信件、速写本和练习。

我觉得最有意思的是，在这一大批捐赠的作品里，有 164 张他儿童时期的画作。尤其让我感动的是，在这些儿童时期的画作上，他的妈妈都标注了详细的创作日期。

弗洛伊德儿童时期的作品和我在妈妈群里看到的大家分享的孩子们的画没有太多不同，和大家熟悉的涂鸦期作品也很接近，似乎并没有超群的表现。但有一点能够肯定的是，弗洛伊德的家人非常珍视他的作品，这也给儿童以信心，去不断地发展自己的绘画能力。关于这部分内容，在“生命合伙人系列”的两本书里都有大量阐述，这里就不再重复了。

这些从八九岁就被精心整理的创作收藏，到他 88 岁去世之前盛名之下的学术和市场收藏，让艺术家卢西安·弗洛伊德呈现出一个极其完整的创作履历，这点是很不容易的。这让我们有机会来完整地审视一位艺术家一生的创作和探索走向：从哪里来，到哪里转折，然后又走向何处，如何到达顶峰。我们可以观察他如何从儿童画作者一步步成长为一代大师。

更多弗洛伊德的早期作品，大家若感兴趣，可以去弗洛伊德基金会的网站（www.lucianfreud.com）上观看。

弗洛伊德是如何练就洞穿灵魂的犀利的“看”的方法的？虽然艺术的天赋不可复制，但更重要的是与学习其他内容一样的大量的练习。学会了“看”之后，有机会要再去把我们前面学到的线条落在纸上，才算没“白看”。

2.3 可以边吃边画？

无论多么复杂的事物都可以画，无论多么复杂的结构都可以分解，分解之后的部分，可以用线条画出来，线条是最关键的一种元素。多加体验之后你会发现，画得复杂其实并不难，因为出现问题有机会隐藏起来，而画得简单其实更不易，因为无处可藏。

你我皆凡人，上节讲完了大师，高山仰止，还是要放松一下。

这一节的练习，可以边吃边画。

1. 做好准备

◎一个水果，苹果、桃子、梨子等可以直接入口的水果均可；

◎一支出水流畅的黑色签字笔；

◎写生本。

首先用眼睛看，尝试用眼睛“感受”水果的轮廓，用手去抚摸轮廓，再闭上眼睛去感受轮廓，睁开眼睛再次用眼睛“感受”，记住这种用眼睛“抚摸”的感觉，然后用线条把这种感觉画在纸上。

虽然看似很简单，但“正确地看”是很关键的一步，是把三维世界中的绘画元素捕捉到二维画布上的关键。

我特别希望大家把这种“用眼睛抚摸”的感觉用在自己的生活里面，即使每天只能动笔画 5 分钟，这样其他的时间也不会浪费，随时都可以练习，比如大城市里路上通勤的时间、等待的时间、独自午餐的时间等。我记得很清楚，有一次我在开车等红灯的时候，前面停了一辆车，我就用眼睛画前面车的轮廓、灯、天线、车窗，虽然手没有动，但眼睛已经开始在画，很多事物的轮廓在眼前越来越清晰。

停下来，抬头再重复一下这个练习：抬头看看上下左右周围环境里的事物，捕捉线条，用眼睛画下来。

有一位妈妈尝试着这样用眼睛画画之后，说：“目光所至，随处皆线条。现在走在路上都开始用眼睛勾线条，路灯、立交桥、雕像、叶子……”

就是这样！这个状态特别对！也希望大家可以养成这样的习惯，用眼睛画起来。

接下来继续练习，终于可以吃了！

2. 边吃边画的练习

练习大致分三步：吃——看——画。

第一部分，找到轮廓，画出来；第二部分，吃一口水果，继续画。吃了之后，笔下的线条会有更多的变化。

先把手头水果的轮廓画出来，不画立体，画轮廓线即可，不要画太概念化的线条。

然后把水果吃了，吃过之后，再把没吃的部分画下来。仔细观察轮廓线条的变化。

这个小练习可以和孩子一起做，至少他可以帮忙吃。他吃你画，各得其所。

每次吃水果的时候都可以顺便练习，重要的是记住这种用眼睛抚摸的感觉，尽量把这种感觉带到你的生活中去，即使我们每天都在忙碌，也要保证我们一直在画。

回顾一下：先用手抚摸，再用眼睛来抚摸，记住这种感觉，然后开始画。不是说一下子记住它的整个轮廓，看一眼就开始画，那样可能有很多是概念化的或者编出来的线条。

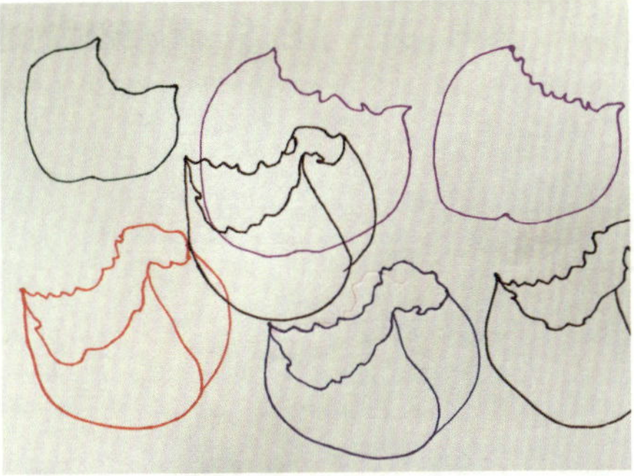

图 2.3-1 ◎ 写生本上边吃边画的练习

2020 年年初，我在俄勒冈画了很多写生，那些外形奇异的树每每令人赞叹，每一棵都相当有性格。在新冠疫情暴发、被阻隔在他乡不得回家的日子里，每个下午我都去写生，面对这些树精灵，用目光抚摸、用手记录每一棵树的外形，大自然的精妙让我安静下来，专注当下，获得能量。

图 2.3-2 ◎ 戴亚楠　树写生

要强调的是，每一个看的动作之后只有一个短时记忆，看完之后，画一部分，抬头再看一下。这是一个不断重复的过程。

画得太快，很容易就变成用你往常的经验和概念来画。你以往的经验和概念肯定会体现在线条里头，但在这个阶段的绘画练习中，不能全部都凭经验。这个练习让我们真正看到面前的这个客体，去更好地刻画它。

要想画得好，观察、练习、思考，循环往复，这是一个越来越享受的、只属于你的、有成就感的过程。

2.4 不可一日无画（2）

作业 1：用眼睛随时画画

大家平时看到什么，就去用眼睛把它画下来，用任何零碎的时间去概括周围一切的线条。寻常生活里的任何东西，都可以用眼睛将它的轮廓描一下。

每天画画 5 分钟，不苛求出现完美作品。每天都画的目的在于多用笔，让笔在你的手里越来越自如。

用笔画什么都可以，可以写生，也可以临摹。大家做的是练习，练习的意思是不求完整，哪怕只画一朵花、一片叶子，只要画得非常到位，并且在画的过程当中很有体会，就是很成功的。

希望大家记录下你们画的状态、你们的思考、你们的观察，停顿当中你们想到了什么，又加进了什么样的想法，你们怎样用线条刻画。通过记录，加深你们的思考。

作业 2：免费模特随时画

如果大家愿意接受更多的挑战，可以画一画我们身边免费的模特——自己的孩子。

除了画整体，我们还可以从局部画起，比如只画鼻子、耳朵，或重复画一个部位，继续熟悉线条的使用，尽量融合本章提到的“看”的方法。

虽然很短，但是这一章的内容从某种程度上可以带你突破你和艺术家之间的那层屏障。换个方式看，探究、思考、诠释一个自己的世界，用视觉表达和呈现。

画画和阅读一样，是每个人都可以学会的，也都可以享受其中的乐趣。你画画的样子真的很美！也希望你的家人都能够看到你最美的这一面。

第三章

深情地凝视一朵花

我们大都有一个印象：艺术家是感性的，艺术创作是需要灵感的。不可否认，天才激情型的艺术家可以完全仰赖感性，但很多大师都需要更多理性的分析和练习。

许多名字耳熟能详的大师，其实都是自学成才，所以，不要限制了你的边界。

我们都是自学成才的艺术家，需要找到适合自己的创作、分析路径。需要找到感觉，更需要通过理性的练习随时回到这种感性上来，“把感觉带在身上”。

这一章可以理解为“用眼睛画画”的升级版，从凝视到分析，增强线条表现力，让画面更高级。

3.1 论状态的重要性

我觉得做自己喜欢的事情，并不需要苦哈哈地坚持或者努力，虽然这其中一定有辛苦，但是做了之后，能真正体会到幸福感。虽然要付出精力，但是可以不断从中获取能量，继续前进，形成正向循环。

这种状态太理想，画画也要慢慢进入这种状态，从而获得滋养。

很多人看了我的画之后喜欢问一个问题："你以前学过吗？"这个常见问题的背景是，大家假设只有拥有所谓艺术科班背景的人才能做这些事，所以背后的结论是："你肯定学过。"我常常苦笑着回答："如果初中时上了两个星期的暑假班也算学过的话……"

在任何学艺术的班级或者团体里，一开始一定会有人惊讶地觉得：好像有些人天生就会画，就像学过一样。

其实，我们每个人都有各自学习的节奏，而在学习和练习的过程中，每个人的状态，都会慢慢发生变化。

一个团体（哪怕像线上课这种虚拟团体）中的成员经过一段时间的互相观察和了解之后，看到每个人的变化，就不会再问是否学过，因为那只代表过去，如今每张画的变化都体现着当下能量、精力的投入。

画画的成熟（未必完美）程度，一定与练习的程度有关。当然，我们每个人投入的时间和精力不一样，如果花的时间多一些，或者比较早就进入状态的话，就会越画越顺畅，挫败感会少一点。

尝试这个线上课程的时候，我发现，每个人的状态实在不太一样，但只要是一直在画，一直持续，就会有进步，你自己是能够感受到这一点的。

重点并不是看谁画得比你更好，而是你自己要画得很顺畅甚至享受其中。

这本书看到这里，又画了许多时日，你认为现在的自己：

A. 能够随时入定的画画小能手；

B. 刚刚入门，体会到了绘画的喜悦；

C. 画了几次，还没找到感觉；

D. 还没开始呢……

E. 都不足以描述，我____________________。

以上是我列出来的几种状态，你可以对照一下，看看自己处于哪个阶段。如果还没开始画，就要抓紧开始尝试喽！如果你不动手试着画点什么，这本书读完恐怕也还是隔靴搔痒。

在我组织的一个画画群里，一个妈妈看了很久大家的作品，然后说“不知道如何动笔”。其实，如果学生一直不动笔，老师是没办法教的，任何建议也都没有了意义。所以，不如硬着头皮开始吧！

如果画了几次还没有找到感觉，这个时候会稍微有点难，因为可能时间、精力、家事、工作不允许。没时间是人们常用的借口，这个问题需要自己去克服。

还有就是画得不够多。一个跟我学中国画的妈妈和我一起临一个很适合入门的书法帖子，她问：“老师，我临完了一遍，接下来该临什么呢？”我把自己已经临了无数遍、翻烂了的字帖拍照给她看。然后她说：“我明白了。”

时间不会辜负你，看着风花雪月的每件事其实都要付出看不见的努力，就再试一试找找感觉吧！

如果画了几次能找到感觉了，那就要持续下去，让这个感觉真正成为自己的，留下来，不要飘忽地跑掉了。专注的同时去关注自己画画时的状态：不管周围是什么样的环境，你是否都可以平静下来去体会那一刻？哪怕只是画了一朵花、一棵草，你也无须去看其他人画得有多完整、多完美或多完善。

这一章要讲的是“深情地凝视一朵花”，用这样一个标题是想说明状态的重要性。

为了找到那个感觉，要依靠自己找到自己的能量，那个状态不仅可以鼓励你持续地画下去，还能够让你随时入定、享受。

回顾前两章的核心问题，关于线条和“看”，如果能画出自信的线条，就是好的、对的，就像自己的孩子自己怎么都喜欢一样。你通过视觉所看到的，不是照片那样的状态，而是类似于短时记忆，然后再把自己的感受、经验、体会，层层叠加进去，所以它是一个持续不断的过程。如果你持续这么做，就会较少出现概念化的、简笔画的线条。

而关于状态，真的不是别人能给的技巧，需要你慢慢体会，找到它、留住它，让它成为你的一部分。并且，你要做到随时可以进入状态。

大家都不要急躁。我接触过许多艺术零基础的妈妈，刚开始的不自信是普遍现象。因为大家把精力放在了“我不会”“画不好”“没天分”“没学过”这些会阻碍我们的想法上，影响了下笔；或是画了几次，达不到自己的理想效果，便认为“我真的不行”。

拿出底气来画，停止那些消耗你的负面想法，内心笃定地画下去，状态真的很重要。突破了这一步，才是真的开始画画，因为把负担都抖掉，就可以轻松前行了。

3.2 自学成才的艺术家们

我们还可以称呼自己为 Self-taught，即“自学成才的艺术家”。我发现一个特点，我们特别尊重所谓专业或者科班出身的艺术家，因为国内大概真的只有在美院学习毕业的艺术家才会有更多的机会，我们似乎也普遍默认并接受了这一点。

而我在美国看展览的时候，看到好多艺术家都认真地在标签上写了 Self-taught，这种自学成才的艺术家是相当普遍的。

这涉及一个关于教育的视角问题，就像我们“希望孩子学什么就一定先找一门课上”的惯性思维一样。广义上来说，所有的学习都是自学，都应主动地吸收一切与之相关的资源，探索、思考，不断突破。

同一个科目，为什么有人学得好而有人拎不起来？那是因为后者没有开启主动的自学模式。一旦这个模式开启，任谁也阻挡不了你的进步。

其实，国内那些取得了一定成就的、所谓科班出身的艺术家，反而更有自学或者自我迭代的能力。他们受了太多学院式的训练，更明白突破艺术训练的窠臼是职业生涯走向成功的分水岭。还有很多研究型的艺术家，可以不断地在一个领域里钻研、总结，形成自己的方法。

总结一下就是，想成为好的艺术家，必须有自己独特的方法，创作也好研究也好，莫不如此，而自学成才不仅不可怕，反而可喜可贺，因为这样的例子太多了。

比如弗里达·卡罗，她就是这样一位声誉卓著的墨西哥艺术家，一字眉是她的标志。翻遍西方艺术史，能够提到名字的女艺术家屈指可数，她就是其中的一个。十几岁就因车祸而卧床的她，根本没有机会接受专业教育，完完全全是自学成才。

弗里达的画里都是她自己，因为早年她只能躺在床上画画——对着绑在病床上的镜子画自己。她呈现的种种扭曲挣扎的视觉形象和人物逼视的眼神，让人过目不忘。

图 **3.2-1** © 弗里达自画像局部

提到画画，她并不懂理论方面的内容，但她说，她的人生是痛苦的，她把这些痛苦画出来，把真实的东西画出来，她的生命、她的生活，就是她的艺术。

这也是为什么每次我给艺术家朋友们看妈妈们的小画时都会得到赞叹，因为这些真实的生活经历经由稚拙的笔触呈现出来，更有直抵心灵的力量。你的生活就是取之不尽的源泉，在艺术里，在创作里，所有一切都不能简单地打上好或坏的标签，都是生命的一部分。所以，尽管拿起笔，将这一切记录下来。

这里再放两幅亨利·卢梭的作品，他在西方艺术史上同样有着非常重要的地位。他的本职是海关职员，收入勉强糊口，从未进过艺术学校。他的作品里虽然有许多奇异的热带风光，但终究是从明信片、展览馆得来的灵感，而非如他所言曾经有过热带探险的经历。大概这

图 3.2-2 ◎ 亨利 · 卢梭 《在热带森林作战的老虎和水牛》

图 3.2-3 ◎ 亨利 · 卢梭 《自画像和风景》

也是他一生中内心对于远方的向往吧。

英雄不问出处。不管是以什么样的渠道学习，只要你能持续不断地画就行。这里并不是从所谓艺术市场的角度出发，而是从作品本身的角度出发，只要你动笔画了，就一定会有感受、有进展。

没有受过所谓正统的艺术教育，反而会成为你的优势，因为你不会被任何东西束缚。既然我们已经开始画了，就是一个画者，只是暂时还未成才罢了。（如果你认为已成才，我也并不反对！）

正因为是 Self-taught，你其实会有更大的空间，没有限制，更自由。在生活中的每个阶段接触到的每个话题，目光所及的所有事物，你都可以从中学习。只是，我们要更有意识地去学，将你看到的、感受到的，都放在画面里。只要你想画，就会有很多方法。

图 **3.2-4** ◎ 凡·高 《麦田与柏树》

自学成才的艺术家中，最牛的大概就是凡·高了。他的艺术作品影响了无数人。他关于艺术创作的书信集更是不可多得的创作手记，堪称经典教材。

给弟弟提奥写信，一方面是作为艺术同行进行深度交流，另一方面，是因为弟弟是他的赞助人，所以需要时不时地向弟弟汇报进度，顺便多要点钱买黄色颜料。

这些信件中记录了很多这位艺术家的想法、构思以及它们如何在实践中被表达出来，让更多的人有了参考的资料和渠道，可以去了解今天挂在殿堂里的作品背后的思考历程。

更让人感动的是，这些书信里面还有很多自我打气、自我鼓励的文字，它们都是我们这些要自学成才的艺术家可以学习的内容。

比如，他说过这样的一句话："绘画和写字的感觉差不多。"小孩子刚学写字的时候也有那种挫败的感觉，同理，我们这些刚刚开始或暂时还没有找到感觉的妈妈，会觉得那些画得好的同学好像掌握了一项神技一般，自己却做不到。但只要持续去做，你就会知道，你是可以掌握这个技能的。

我觉得最好的状态是，当你回头看之前的作品，你对它是不满意的，但是你更清楚地知道，下一次可以怎样画得更好。

凡·高认为，画画也是这样一个过程。因为他是家族里一把年纪而又没什么出息的人，开始他也短期地去过一些艺术学校学习，但他不接受那样的方式，所以就变成一个人一直探索，给自己打气："我真的是在进步的，再努力一把！"

我们总会认为，艺术家是感性的，其实一旦开始学画就会发现，这和写作一样，感性的部分必须要有，但是要能随时找到和掌握感性，就需要理性地练习和有意识地掌控。全部靠天吃饭等待灵感，可能极少数的天才可以，但对于大多数人而言是不靠谱的。

当你用手持续地画，同时又学会了观察，知道怎样去看，对于你看到或你想表达的东西，能够抓住自己这种自然的感受，并引导到理性的思考上时，你就变得自由了。

如果你可以有理性、有意识地思考，又可以把自己感性的部分内化成笔感并表达出来，你就会前进，就会感觉更幸福。

凡·高的精神鼓舞了很多人。每到春天，当我看到满树杏花，就会想到凡·高的作品。他的每一天都是把自己的体验与观看自然的感受结合在一起的。

我很喜欢分享这样一个故事：网名为“带一本书去巴黎”的南京妈妈曾带着孩子在家中给凡·高做了一次小小的策展，把凡·高的画打印出来挂起来。孩子突然说：“凡·高没有女朋友。”于是，她就给凡·高画了一个睫毛很长的女朋友，贴在《凡·高在阿尔勒的卧室》这幅画的旁边。

图 3.2-5 ◎ 凡·高《盛开的杏花》

我还读过一位美国艺术史女教授写的一本小说。作为凡·高的超级粉丝，她在小说中为凡·高写了一个女朋友，虽然最后的结局没有那么美好，但她通过这个故事给了凡·高一段特别幸福的时光。

虽然年龄、经历不同，但她们不约而同地被艺术家及其作品触动，并用自己独特的方式表达了出来。我要说，这些内在的联结才是最好的学习成果。

图 3.2-6 ◎ 凡·高《凡·高在阿尔勒的卧室》局部

3.3 找到你的学习方式

我特别想给大家留一个问题，就是我们这些正在成才路上的艺术家，应该如何自学。

没有唯一的方法可以按照步骤传授给大家。只有适合我们每个人独有状态的方法才是正确的。

有很多网络视频，很多“干货”教学都在教授技巧，而如何让海量的资源为你所用，是值得我们每个人在当下的环境中去思考的。

写到这里的时候，正值新冠疫情暴发，学校停课，大家每天都会收到无数免费的线上课程资源，但时间、精力总是有限的。只有在不同阶段都找到适合自己的方式，持续进行下去，才能看到成效。孩子、大人的学习都是如此。

如何学，怎么学，每个人可以有自己的方法、见解。

这本书的核心目的其实不是教会大家大把的技巧。作为已经开始学习绘画的艺术家，我们再去欣赏艺术作品，去了解艺术史上的艺术家们的故事的时候，角度也不再相同。同为艺术家的角度让我们与听到的故事、看到的作品更为贴近。

如果大家去美术馆，可以留意一下游客们看画的状态，很容易就能够识别出来，哪些是艺术家看客。只有自己动手画的艺术家才会尽可能地贴近画作去寻找上面的线条，学习人家的处理方式……而平时自己不画画的人，就会和大多数的游客一样，走马观花、拍照留念。

艺术家看客会感慨一个画面多么精妙，在听到艺术家们的故事时会更能共情，也会去了解为了精进艺术，那些大师怎样百般努力，比如，达·芬奇和米开朗琪罗甚至为了更精准地了解人体而违反当时的法律，偷偷地解剖尸体。

艺术探索的道路是幸福而孤独的。我曾经送给一个迷茫中的艺术家朋友一本《齐白石自述》，并在扉页留言安慰他“大师也曾出身微时”。全家入睡后就着油灯深夜描摹的自学成才的艺术家齐白石，原来是一个没受过教育的小木匠，他从借来的一本《芥子园画谱》开始自学中国画，是多么不易！

我的一位老师，中国画家杜杰，他说小时候经常去琉璃厂，那时候几百块钱就能买到一幅像样的作品。人家营业员不理小孩，他就趁着别人买画的时候看上几眼。每周坐公交车去故宫，去的次数多了，逢秋日晒画，他竟然也得了机会去临摹原作。

另一位艺术家老师提到，他学构图的时候，发明了一个有点怪的方法，比如想看高更是如何构图的，他就在黄昏时的昏暗房间中看高更画册——在这样的光线之下，颜色都褪去了，能清晰地看到结构是如何组成的，画面是如何布局的，不受颜色干扰。

我在书法学习中，也受老师提点，找到一些方法，比如一个帖子临几十遍下来略显倦怠，要怎么办呢？改变字体大小，写写大字再写写小字，这样大大小小写下来，对帖子会有不同的体会，练习的过程也会更有乐趣。

对于渴望学中国画却缺少时间和精力的妈妈们，我曾经建议大家，在家里固定的一个角落，最好是“必经之路”上，铺上一个“摊”。每天不需要多，哪怕能写一个字也好，让使用笔墨的感觉不会断掉……

学习本身就应该是一个创造的过程，不同环境、条件之下，每个人的喜好、特性不同，总有可以为你所用的资源和方法。

向真正的艺术家学习。

学习大师的作品不仅仅是临摹，比如很多城市商场里出现的“成人油画体验班”，除了让零基础的人体会一下绘画材料，其实没有更大的意义。因为人们大多是直接去临摹一幅“看上去还挺像的”《向日葵》《星空》，画完之后没有获得对艺术的理解，也没有绘画的感受留下来。

在欣赏研究某个艺术家的作品时，可以看看哪些自己能吸收、哪些艺术语言可借鉴，然后用在自己的创作当中。

如同许多艺术家会拜同一人为师一样，大家的起点相同，但是慢慢地，每个人的风格会变得不同，因为每个人的人生经验、背景、性格都大不一样。

好老师教出来的好学生，艺术风格一定是不一样的。为了做一个好老师，我也不会选择亦步亦趋的过程和步骤（那类书和相关网络内容也实在太多了）。我希望的是，大家在接触到作品的时候知道如何去借鉴，在看到教技巧的内容的时候知道如何判断和吸收，形成自己的方法，在了解了一个艺术家的创作经验之后，知道哪些可以用到自己日常的练习当中。

中国画写意大师吴昌硕说：“化我者生，破我者进，似我者死！”大概也是说，学他的画法而不能画得像他一样，艺术史上有价值的、留下名字的艺术家，都是在前人的基础上探索出一条不同以往的路径。我们学艺术的目标或许并不是在艺术史上留名，但志向不妨存得高远一些，不限于复制和重复，从能够触及的艺术作品中获得我们所需要的启发和滋养。

比如说，除了去学凡·高的笔触，临摹一幅他的作品，我们还可以从他身上学到什么呢？我发现的是，他对自己创作思路的描述其实非常清晰、理性，他很有规划，特别明确自己在做什么！这给人的印象和外界传说的他的精神状态有问题是截然不同的。

他对于创作思路的描述一直是我特别希望能做到的，而这本书就是我尝试梳理自己思路的一个过程。在本书的第九章，我会更加详细地介绍作品分析工具以及如何像艺术家一样书写日志。

毕竟，作为自学成才的艺术家，我们也要学会记录自己的创作和思考历程，发出自己的声音。只要是真诚的、真实的记录，都是极珍贵的。

3.4 从凝视到分析

含苞的月季

残败的月季

图 **3.4-1** ◎ 两株月季

为了这个主题，我去院子里拍了这两株月季。野生的花长在泥土里，更有生命力。鲜切花也很漂亮，但就是太标准化了。这和花一定要长到标准的规格才符合出售条件是有关系的。

在画画之前，我从没发现过这种区别，反倒是觉得鲜切花更完美。我们已经练习了一阵子用眼睛勾画线条，现在，从凝视一朵花开始，除了勾勒线条，更要做出分析——这一步会让你的线条和画面更有表现力！

我的一位老师冯钟云，也是一位武术大师，更是一个有故事的人。他这样的性格造就的线条就是霸气干练的，充满肆意张扬的写意感。

而每个人的线条都和自己的性格密切相关，比如，那种有力的线条就不是我的线条。

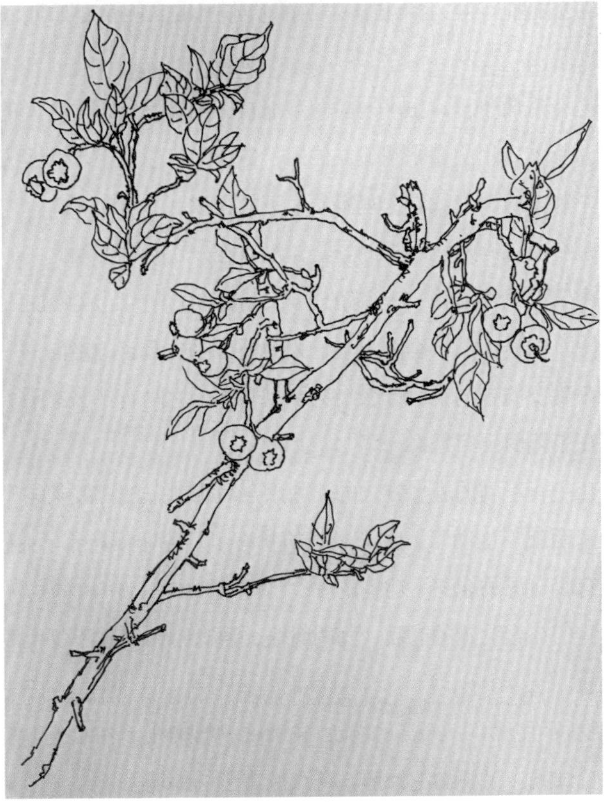

图 3.4-2 © 戴亚楠　蓝莓写生

我的微信朋友圈基本就是自己绘画学习的实录，每每画了好画，师友们都会鼓励有加。有一次我发了这幅在朋友家的蓝莓写生（见图3.4-2），冯老师看了说，“这线条一看就是你画的，简练干脆，不拖泥带水。”

写生，除了画得准确，更要写出生命的状态、所写客体的状态以及你的状态。

尤其我们画植物时，它是无时无刻不在生长的，我们肉眼是看不到的，但如果把时间线拉长，就会看到它巨大的变化。

要如何把它的生命状态、活的状态画出来呢？要如何深入地观察呢？

把花从瓶子里拿出来，多角度地看。虽然画出来是平面的，中国画也并不注重用阴影来塑造立体感，但依然可以左右转动着去看，比如，举起来对着光线看，观察光线下的轮廓。

每个人都有自己观察的方法，没有唯一正确的方法。

今天我们要分享一个新的技巧，就是在看的过程中加入一些分析。除了对外形、轮廓的观察，我们还可以去看它的走向——它有没有一个生发的方向，有什么趋势，每个部分之间有什么关系。这会让我们在下笔时更有把握一些。

花是有不同的表现方式的，如果在写生时只注意线条的完美，画出的东西就不生动了，没有生长的状态了。每个线条都不是静止的，而是有着自己的职责、功能的。

我们在看物体的时候、画的时候，要有判断，赋予每个线条不同的功能。

线条可以粗略分成三大类：轮廓线、结构线、辅助线（情感线）。

轮廓线：是事物的外形，有点像房子的外墙。

结构线：是框架，类似房子里的支撑物，比如承重墙，它们很关键。

辅助线：是更丰富的表达，比如屋顶的瓦楞、人脸上的线条。这些线条的存在让整个事物更鲜活、更生动。

这些都需要大量的练习，才会有质的提高。

还有，这只是一个大致的分类，我们可以试着先掌握这个方法，尤其是把线条的功能区分开的这个基本概念。不同风格的艺术家当然还有更丰富的表达形式，等着你自己去探索。

再用眼睛进行画画的时候，不仅要勾勒线条，还可以分析一下几类线条应该如何使用，从而共同构成一幅画。

好好享受吧！

3.5 不可一日无画（3）

练习 1：线条视觉分析

分析图 3.4-1 中两株月季不同状态下的照片。仔细观察，按照三种类型的线条做出分析，然后简要画在下面的画框中。可以刻意地用三种不同粗细的线条表示出来，轮廓线最粗，结构线次之，辅助线最细。

练习 2：坚持写生练习

坚持每天 5 分钟写生练习，带着你的小本本，画孩子、画桌面、画午餐一刻，或是所有的工作和琐事结束后属于你的宁静夜色。

无论用画画来开始还是结束，这一天都将无比美好。

每天都画一点，回头翻看会发现，兴味盎然的生活就在这个小本本里。

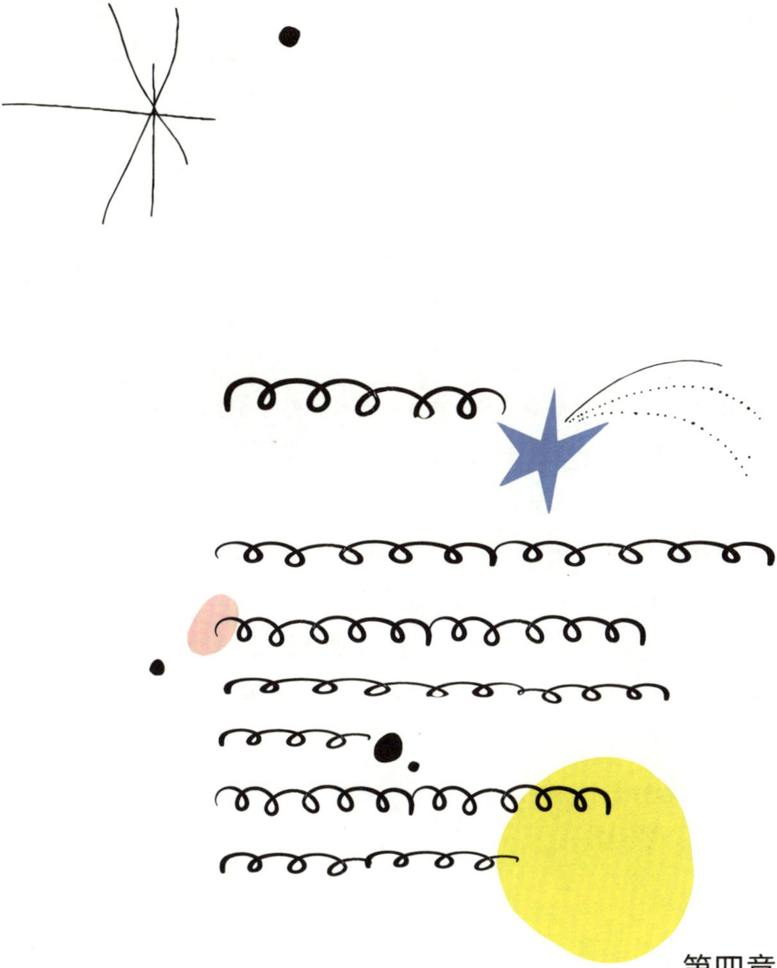

第四章

为自己读一首诗

成长似乎就是把很多幻想和诗意一点点磨灭的过程，艺术成了艺术家的事，和我们普通人无关。其实，我们和艺术并不遥远，唤醒内在的诗意，我们和艺术就只有一点点的距离。

理解诗意，从中国画开始再合适不过。书画同源，诗画同源，从寻常日子里体味到诗意，是生活中最美的停顿。

在这一章里，暂时放下绘画，换一条路径，从诗意的角度切入，你会发现，无论是从文化的根源上还是从个人的特质上来说，诗意的表达都存在于你的基因里。

警惕所谓的“专家”，从诗开始夺回属于你的艺术家创作特权，给自己心灵的慰藉。

4.1 你和艺术就是一首诗的距离

这些年和妈妈们一起画画，于我更是一个滋养的过程。看到大家每天发出的画，我很感动，好像看到了每个人生活中的美好片段；在不经意记录的文字中，看到了倔强向上的生命力。

除了小画，大家随手写下的句子，也都是很真实鲜活的生活体悟。摘了一些在这里：

◎有你在，就是生机盎然的一天。

◎她在清晨的沐浴中更加娇艳。

◎多肉也有自己的美。

◎还是那朵枯萎的蔷薇。

◎你付出了时间，它对你就有了意义。

你要不要停下来，轻轻地读一读这些句子？你今天又要说一句什么样的话给自己听？

我相信，每个人的心里都有诗句，会在不经意间最真实地表达出来。可能你在写下这些字句的时候都没有意识到，它们能点亮他人的生活。在漫长的一年试验线上课程里，这些温暖的句子鼓舞了我，让一个因为虚拟的课程而聚集起来的群体中的人，彼此都有了心动的感觉，收获了许多注定会一生惺惺相惜的朋友。

在课上我跟大家说："感谢你们每天的分享，你们画的画，你们说的话，我都收到了。我很感动，就像在读一首首诗，不刻意的、来自生活的诗句。"这种不自觉的美留下的感觉更加绵长久远、牵动心肠。

在开始这一章关于诗意的旅程之前，我还想提一下关于艺术的权利之争。有太多的评论家用听上去很厉害的定义把很多人阻隔在艺术和诗之外。

2019 年的时候，我在某个卫视的家庭教育节目中担任所谓的嘉宾。某一期的编导们策划了关于儿童与诗的话题，不过，另一位大学教授嘉宾执着地认为"孩子的诗不是诗"，因为在他看来，要承载了托物言志功能的、对仗的语句才可以称为诗。

有很多的"专家"都在做这样的工作：筑起壁垒，把艺术和诗隔离在我们的生活之外。其实，也是我们每个人某种程度上的放弃，赋权了一小部分以此为生的人把我们进一步地隔离在艺术之外。绘画同样如此。

我们固化下来的一些关于艺术学习的观念，可能是错误的，而且，一些迷思般的观念广为流传。比如，一位妈妈跟我说，她在孩子一岁半的时候去参加了一个素描班，因为她觉得，要做好孩子的艺术教育、能指导孩子，就需要学习艺术，就要从素描开始。

这是各种历史原因造成的关于艺术教育的刻板印象，需要我们去打破，还自己以主权。经过几年的分享、演说和艺术创作，我认为，没有什么比家长自己动手画点儿画，享受一个艺术家创作的权利更能让我们在面对艺术时产生自信心。

除了不断练习绘画（对所有艺术家来说，这都是一个永无止境的过程），我们还可以去发掘自己更多的诗性。画面和文字一样，高下之分不在于技巧，而在于气韵和气质。

人生何其不易。我感动于大家在平时随意发出的生活慨叹，那些就是诗句，毋庸置疑，也无须通过“专家”的标准考核。

因为绘画而开始的观察、凝视，给我们更多机会发现周边容易被忽略掉的诗意。

2017年，搬到北京乡下之后，我就常出去写生。北方乡下的村头地尾初看没有多么赏心悦目，但写生之后，我有特别深的感触。

晚春时节，一片极其普通的北方乡下房屋，照片拍出来就是平淡无奇甚至简陋的场景。但我隔着一条沟渠遥遥写生，把它画下来发在朋友圈，就有人感慨：“布拉格！”

创作并不是带一堆长枪短炮好器材去风景如画的西藏拍奇异风光，

北京郊区实景

北京郊区写生

图 **4.1-1** ◎ 戴亚楠 “布拉格”

图 4.1-2 ◎ 戴亚楠　奇怪的树

图 4.1-3 ◎ 戴亚楠　玉米写生

寻常生活里处处都有值得刻画的好景致，关键在于你是否用心观察。画画之后，不再渴望去远方，因为每一天我身边都有惊艳时刻。比如村边的一棵藤缠树（见图 4.1-2），看我画完，孩子们惊呼，“好奇怪的树！”

在树的旁边刚好有一片玉米地，看着很普通，一点儿不炫酷。不过，一旦开始画就会发生很多微妙奇特的变化，玉米穗像烫过的头发在阳光下发亮（见图 4.1-3）。出来写生，颜色材料并没有很充分，本以为是限制，没想到反而显现出特别的效果。

我看过很多艺术爱好者的画，怎么说呢？技巧是学了一些，但是没有画意，境界就低了。所以，在学习和练习技巧的同时，一定要提升品位，并且把品位投射到自己的绘画里。好品位在绘画里的表现就是画意，或者说诗意的表达。

这个话题也是值得一直琢磨的，但重要的是先把自己打动。无论画的主题是什么，画意的表达都是最关键的一步，也正因为如此，我们才能从绘画和艺术中不断获得滋养。

画意的能力不足，我们就用诗来凑。

我在上课的时候提到写诗，很多人有点惊讶，好像我们日常的表达已经和诗渐行渐远了。其实，我们可以把这件事看得简单一点，无论是文言还是白话或者其他任何一门语言，不见得是原创，借用、改写也都不拘，只要是诗就行。

和所有的艺术形式一样，追求的状态都可以向孩子看齐。比如，我家弟弟写了一首诗，叫《花》。

> 花，是站桩的人。
> 人走了之后，
> 地上留下了一个坑。
>
> ——悠然

这首小诗既幽默又写实，看完让人忍俊不禁。

可能要补充交代一下背景。他写这首诗的时候正在一个所谓“新教育”的私立学校上学，以校长为首的一些老师每天一大早就会在校园站桩，对于活泼泼的小朋友而言，每天上学都看到这些一动不动的人，印象非常深刻。

在 2020 年疫情防控期间兄弟俩上的网络课上，中美两国的老师不约而同地带孩子们学习了俳句，上面看到的弟弟的诗，大致就能算得上是一首俳句吧。

所谓俳句，是诗的一种最短的形式，来自日本，是在中国诗歌的基础上的简化版，成了一种独立的诗歌体裁，也有一些具体的格式要求。但使用其他语言来创作俳句，就没有那么多格式上的限制了。内容上和自然 / 季节相关，长长短短写三句，就差不多了。

弟弟为了完成作业，又作了一首。

清晨醒来，

甜美的妈妈，

给了我一个吻。

——悠然

我觉得，我们尽管以此为简要标准来作诗就好了，同时也要学习我家弟弟的敝帚自珍——管他如何，先得意一番。

停一下，试着创作一首俳句吧！

抬头看一下最近的窗外，看到了什么和节气相关的自然事物？

____

有什么令你心动的细节？或想到了什么人？

____

闭上眼睛，深呼吸，听到 / 看到了什么意象？

____

讲了这么多，或许有人会问，这所谓的诗，和画有什么关系呢？我觉得是帮助我们调动更多的情绪，而情绪的表达形成习惯，也会投射到画面上。

这样的练习也提升了我们的敏锐度。在忙碌庸常的生活里被一点点磨灭的敏感，其实是值得被我们保护的天赋。就用诗用画，把它一点点地找回来。

缺乏诗意的画有典型的例子。有做自然教育的朋友发给我一个自然体验师观察到的花，说画得真好。那幅画的确有很多细节，品质已经接近“植物百科图示”一类的彩绘书里的插图。早期的植物探险家们，很多也是绘画高手，他们要把搜集到的植物细细地描画下来，而显然，他们画的目的在于研究，所以每株植物的细节，花、茎、根都需要画出来。

而我们从艺术角度的学习，是要观察，要体会细节，目的不是事无巨细地全盘托出，那样恐怕就很难谈得上画意了，这大概是诗和说明书的本质差别。

找到了诗意，还要琢磨着怎样将其用在画里。我们毕竟不是在上植物写生、素描专业课，大家可以通过艺术的角度来表现。

在画画的时候，画到六成到七成，最多八成时，就要在很多细节上做一定的取舍、处理了。

未来，当我们逐渐熟练之后，就要进一步有意识地做出处理。所谓处理就是塑造你的画面的诗意和个性表达。

除了从实物写生中汲取灵感，看艺术作品在学画中也尤为重要。看的时候，用我们在书中不断涉及的话题和角度去分析，比如上一章提到的几种功能的线条，还有如果外形、结构、轮廓都很像，又该怎么处理。这些事情的难度更大。

你会发现，永远没有一蹴而就的唯一方法。只能不断发现新的问题，去解决掉它们，再上一个新的小台阶。

不身体力行是没有办法体验到其中的乐趣的，诗意的表达也是如此。

毕竟，无论是风动还是幡动，其实都是你的心在动。

4.2 一点关键问题

在诗意表达这一章里，还是要再插播一点技术方面的关键问题，毕竟那么多诗意的表达还是需要依托于一些工具的。仅靠好词好句成不了好文，但词句也需要一步步掌握，画画也是同一个道理。

在线试验课画到这里的时候，有同学提出问题：为什么要从线开始?

依我的体验或者说教学思路，线条是相对简单的事情，相当于天然已经有所储备。

◎当拿着电话聊天时，手就会不自觉地画线。

◎把感受到的用线条勾勒出来，感觉就又多了一点。

◎线条是有不同功能的。可以通过加重、加速度、加力度，赋予线条不同的功能。

如果这些你已经掌握了，那么可以再进步一点点，在你的技术组合里加入一个新元素——短线。

继续依托线条这个元素，可以适度营造一些阴影变化来增强表现力。比如有些花，无法用线条来概括或者对比；比如柿子与枯叶，如

图 4.2-1 ◎ 虎皮兰

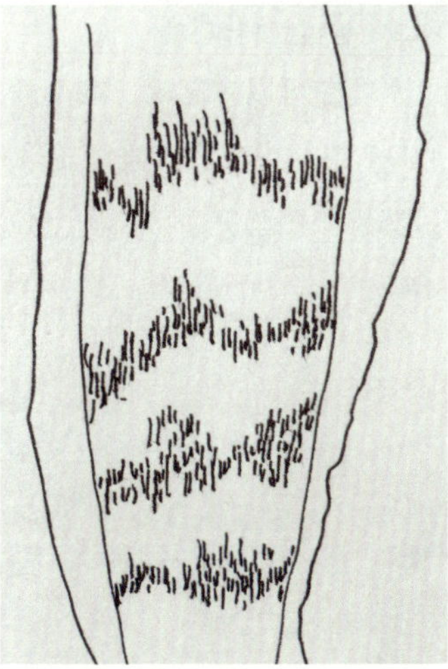

图 4.2-2 ◎ 戴亚楠　虎皮兰花纹

果没有颜色，又怎么用线条表现？

图 4.2-1 中的绿植是我养了好些年的虎皮兰，我把它隆重推荐给不善于养绿植的同学。为什么推荐它呢？一方面是因为它特别好养，另一方面是因为它是进行短线练习的绝好的例子。叶片中间有很多花纹，画的时候如果忽略掉，就显示不了它的特点。

依照康定斯基的理论，艺术的第一元素就是点，点运动后就成了线，线构成了面，即被很多艺术老师当作口头禅的“点线面”。

我们在初阶学习中，以线条为出发点进行学习（不是所谓线描课）时，可以把万物都简化成线条，阴影 / 图案 / 肌理的部分则是用短线组成的，当短线们密集地连在一起时，可以呈现出更丰富的图像效果。

比如这株虎皮兰，画的时候，要仔细观察，短线的组合使用也要多样化。长短、疏密不同，灰度也不尽相同。线条密集，颜色就深；

线条稀疏，颜色就浅。

现在可以拿起笔，在下面的画框里做个简单的练习，画一下图 4.2-1 中的虎皮兰：先画轮廓，然后用短线画虎皮兰上的纹路。不用把整张图画完，可以画一点点，比如叶子中间的部分。现在就开始吧！

练习这个方法时，可以回顾一下写生本前面画过的作品。重新画一遍以前画过的题材，可以去体会面对同一个对象的时候，用不同的方法刻画时呈现出来的不同效果。

处理方式当然不是唯一的，这只是大家一步步深入画画时可以用到的方法之一。因为我所提供的方法是以材料最简化为基本原则，能够随时随地碎片化地练习，所以，我们采用勾线笔或钢笔。

当然，艺术的目的不是局限，而是不断探索发现。如果你周围还有其他材料，尽可以尝试。即使我们用的工具是最基本的，也很有表现力。

有了这个方法后，再画的时候，就可以自己决定怎么取舍。大家做练习时，可以画很多的短线，尝试长长短短的组合也可以啦。

一位网名叫“小隐隐于野”的妈妈在体验了用短线元素画画之后，自己体会到：“线的长短不一样，（使画面）更有表现力。大家都黑灯瞎火地画（因为往往都要把孩子哄睡了之后才有时间画画），真不容易！”

线的长短当然不需要完全一样！是的，如果是自己体会到的就更深刻！每个人在使用线条组合的时候，都可以自己多多尝试。最美妙的就是同一节课上完，大家回去试一下，之后交出的作业画面都不相同！

在这一章的最后，会再给大家留一个基本练习的作业，关于如何更丰富地应用线条。

插播完毕，还是继续回到诗意当中吧！

4.3 诗与中国画

好多年以前，在美国读书的时候，当地朋友约我去美术馆时，会专门去中国画展厅，可是那时候的我并不懂得，觉得远远地朝拜，看一下，表达了敬意就好了。而作为以自学为主的艺术家，现在的我，研习最多的就是中国画，并深深为之着迷。

画中国画的同时，我也看了一堆画论，更深刻地理解了中国画的“诗画同源”。当然，我这样讲了之后，也被一位艺术批评家及教授批判了，因为从技术层面来说，是“书画同源”。

我想，“诗画同源”更在于中国的诗和画都着重于对意境的营造，诗就是画，画就是诗，二者你中有我、我中有你，犹如孪生姐妹花。

提到诗，大家脑海中第一时间跳出来的诗句是什么？我把自己想到的按顺序写了下来，袒露自己在诗学方面的入门级修养，也给各位以信心。

◎举头望明月，低头思故乡。

◎会当凌绝顶，一览众山小。

◎采菊东篱下，悠然见南山。

◎空山新雨后，天气晚来秋。

图 4.3-1 ◎ 王蒙摹王维《辋川图》局部

在上网络课的时候，很多妈妈说："嗯嗯，就是这些！""我想到的也是这几句呢……"每个人脑海当中都有根深蒂固的句子，小时候背诵过的，文青时期感动过自己的，它们给我们慰藉，让我们在面对不可言喻的景物时脱口而出。

讲到诗画同源，必须提到的人就是王维，他把中国的山水画带进了一个新的境界。山水画的大致发展顺序是：人物画背景—从背景变为独立的艺术形式—青绿山水—水墨山水，即先是彩色的，然后是水墨，这个分水岭就始自王维。

东坡居士高度评价说："味摩诘之诗，诗中有画；观摩诘之画，画中有诗。"

简单的画面，寥寥数笔，传达出值得玩味的气质，唤起强烈情感与之呼应，中国画的深刻和高妙之处就在于此吧。

王维把绘画的精髓带进诗歌的天地，浪漫空灵的文字基本就是在用充沛的感情给我们描述一幅幅美妙的画卷。比如，关于颜色的诗句有《辋川别业》中的"雨中草色绿堪染，水上桃花红欲燃"和《新晴野望》中的“白水明田外，碧峰出山后”；关于结构和节奏的诗句有“松含风里声，花对池中影”（《林园即事寄舍弟紞》）……

中国文人多有田园情怀，我想他们大概是觉得官场实在太烦了，寄情山水多逍遥。也正因为如此，重意境的山水画受到追捧。这些人大概也想换个角度来显示“我当官是迫不得已，瞧我其实是多么淡泊”。

我正式学画，是从中国画开始，越到后来越发现，这个方向对于我们成长于目前教育体系之下的中国人太重要了。对于中国文化，我们从小一直当作知识在学习，除了有深厚家传文化的人，大多数普通中国家庭的孩子都是这样的成长环境。我们教育中的文化语境和我们向往的中国文化之间，往往有很深的隔阂。

目前许多的国学馆，从穿汉服背书开始给小孩子普及所谓中国文化，我觉得也是不可取的。把文化带进生活，成为日常的一部分，才是正路。形式其实没那么重要。我的一位老师一言以蔽之——中国文化就靠两根支柱撑起，一根是筷子，另一根是毛笔。

笔墨本来就是日常的书写工具，生活里有，每天能摸摸、写写，从小就不陌生，再看到中国画的时候也并不觉得有隔阂。在这里发个愿，完成这本书之后，我要把精力放在中国艺术的家庭普及上。博大精深的中国水墨，是值得一直玩耍到生命尽头的乐事。

当然，在本书中，对于艺术的学习是没有流派和门第之分的，学通了就会深刻了解到，东方和西方的艺术彼此影响，相互交融，从任何一个入口进入，走对了，前方的路都会越来越宽。

继续回来看画，介绍一位我的男神。

这幅《听琴图》，作者赵佶，也就是宋徽宗。多数人只知道他是昏君、庸君，没用的男人。小时候看了小人书，之后上了历史课，我

图 4.3–2 ◎ 赵佶《听琴图》局部

曾对这个蠢笨的皇帝恨之入骨。直到现在，孩子们看的历史书中，都把他描述为一个完完全全的失败者。

学了中国画，读了艺术史，我彻底黑转粉，找到了自己的真男神。从此，我开始不断给孩子们以及很多大人“洗脑”，让大家了解这个不务正业皇帝的另一面。他的艺术造诣影响之深远，至今无人超越。他以一己之力，把中国的艺术带到了巅峰。有人评价说，《听琴图》代表了宋元时期的审美意趣，是中国艺术的巅峰之作之一。

因为男神的职位是皇帝，所以有权利和资源把全国的画工聚到一起考试，选拔出最好的进入皇家美院。怎么考呢？和现在的艺考可完全不一样，考法要高级多了。那时考的其实就是画的意境。

那时被传为佳话的一种考试方式是，出一句诗，让考生把它画出来。比如“踏花归去马蹄香”，用画面该怎么表现出来呢？

我们想到的是先画马蹄，再画踏着花奔跑？而最终胜出的画上并没有花，只有几只蝴蝶环绕着马蹄上下翻飞。

这样的表达就是上品。表白太多就没有诗意，要克制，要留白。

再比如，“深山藏古寺”要怎么画呢？

一般的画师就是画一角风景，有山，有古松，有古寺，但这基本就是个中品，即便构图、笔法好，也基本只是完成了一个精美的“说明书”。

而上品则看不到寺院，只看到小和尚在挑水。琢磨一下，是不是更有意思？

无论什么流派风格的作品，只要能给观者留有回味的余地，自然就是好作品。

再来一段关于如何用画面传达诗意的佳话。

当年的两位大家，老舍与齐白石，关系很好。作为收藏家的老舍有钱又识画，买了齐白石的很多作品。

1951 年的时候，这位大买家给老友齐白石出了个题目——画出“蛙声十里出山泉”这句诗。齐大师欣然接招。据说，他琢磨了好几天才开画，但最后拿出的作品让大家击节叹赏、拍案叫绝。

各位先想想，要是你，你会怎么画？也可以问问孩子。要有青蛙？山泉？

齐白石说：“可以画出蛙声，未必要有蛙。”可是，没有蛙，又如何把声音画出来？

寥寥数笔，他画了六只蝌蚪在山泉水里欢畅地顺流而下，多么奇妙的一种构想！白石老人当年应该是 91 岁高龄，心境依旧有如孩童一样纯真，真的艺术家大抵都是如此吧。

图 4.3-3 ◎ 齐白石《蛙声十里出山泉》局部

艺术的表达可以简单，但又最怕直白，不给观者留有余地。

我们前面提到过，有人像植物学家一样描绘植物，比如把叶脉根系清清楚楚地画出来。但作为艺术创作，如果意思已经到了，再刻画得一览无余，恐怕就是多余了。

画画时有很多地方要处理，和我们获取信息一样，要调动观者的感官和感情储备，作者和观者共同完成一幅作品，编码—解码，完成一场交流。

在讲诗与画的过程中，有位妈妈说，自己不太懂得变通。其实没关系，多看一些表达形式，画也好，诗也好，音乐也罢，这些都可以在不知不觉中扩展自己的边界。

“采菊东篱下，悠然见南山。”我们都对这句田园诗了然于胸，我的两个孩子的名字就来自这句诗。或许回归田园的潜意识由来已久，那么 2017 年从城市搬到乡下也是自然而然的了。

从陶渊明描绘的桃花源开始，中国人似乎找到了一个美好的解脱之道。累了倦了，总要有个念想。

图 4.3-4 ◎ 仇英《桃源仙境图》局部

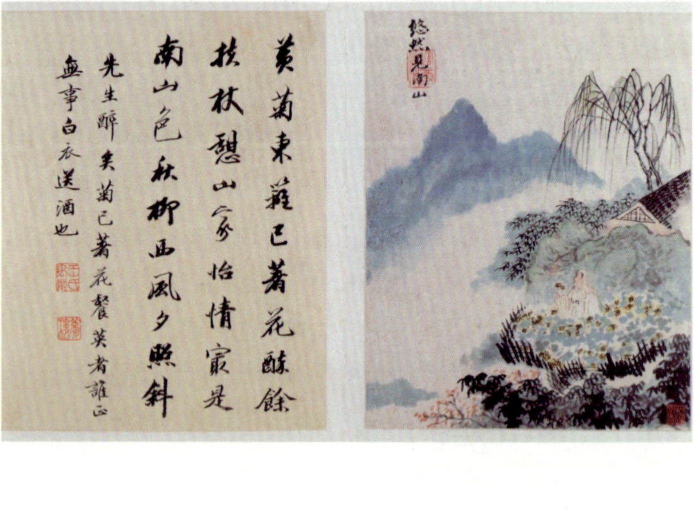

图 4.3-5 ◎ 石涛《陶潜诗意图》（悠然见南山）

明四家之一的仇英用他绮丽的重彩描绘了相当奢华的一个桃源仙境：三两知己听琴和曲，小童服侍左右，流水潺潺，岁月不老，伙伴不散，酒也香，风也醉。和那一千个哈姆雷特的道理相同，对于最完美的生活是怎样的，每个人的诠释都不尽相同。

陶渊明激发了很多画家作田园诗画的潜能。同一句诗，不同的艺术家用画面诠释，尽可以大不相同。直到当代，依然有山水画家感怀这“心远地自偏”的意境，不断受到启发，创作出新的作品。

石涛画的《陶潜诗意图》收藏于北京故宫博物院，这套册页值得收藏，强烈建议大家买来细看。累了倦了就看一看，钢筋水泥的城市里，也可以多一点云淡风轻。

图 4.3-6 ◎ 王綦《陶渊明诗意图》（采菊东篱）

和石涛的画面相比，晚明吴门画派中人王綦的《陶渊明诗意图》（采菊东篱）就好像经过了一层滤镜，各处景致经过了精装修，视觉虽精美，却少了几分令人向往的烟火气。当然，画作欣赏见仁见智，如果你就偏爱这一分的精致，那也完全没有问题。

石涛的“一画论”启发和影响了后代很多画家的创作精神，他自己是一位风格独立又非常奔放多变的艺术家。许多艺术史研究大家都毫不吝言对他的热爱，在一本西方学者写的中国画论研究里，他被独立归为一个风格，因为难以概括，承上启下，横空出世，自成一派。

大画家也有小作品，这套册页就是在陶渊明田园诗激发的灵感之下的创作，很有生活的气息，深得诗人精髓。

“采菊东篱下，悠然见南山”，有菊有篱，有人有山，更有闲情逸致、飘飘欲仙，这句诗的妙处在于“悠然”，这个悠然的状态不是端着装出来的，而是内在真的淡然且活在当下，这个手拈菊花、面带神秘微笑的高士就已经达到了超我的境界。

每每我们提到中国文化、中国诗画，不免就会正襟危坐起来。有人或许感觉古诗与现代人有距离，而这套册页里面人物的状态非常放松，与我们完全没有距离。比如，下图中这两位大叔坐在崖边促膝谈心、喝酒、侃大山，喝了三杯就自觉悟了道，再来两斗就通了神了。此刻特别需要一个健硕大婶叉腰棒喝：“你们怎么不上天呢！”

这幅更是我的爱（见图 4.3-8）。虽然人物和建筑的构图依然是

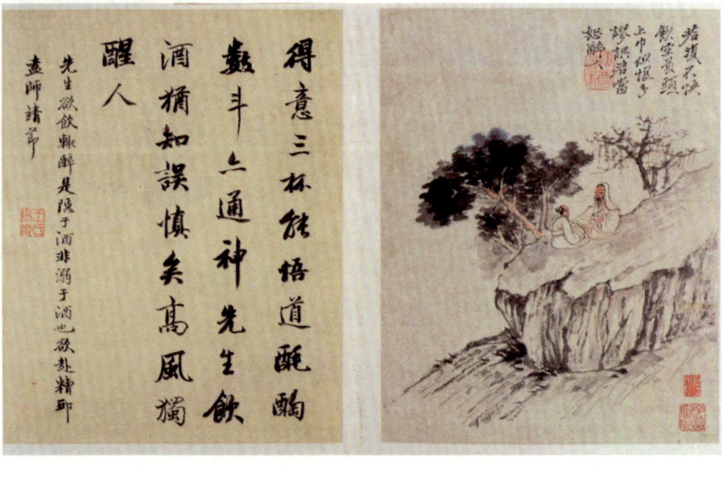

图 4.3-7 ◎ 石涛《陶潜诗意图》（得意三杯能悟道）

传统风味，但和了上面的字“虽有五男儿，总不好纸笔”。想起我们平时感叹家里小孩儿不爱写作业，与古人很像，不禁莞尔一笑。看来，无论古今中外，家长们的焦虑一直都在啊！

对生活在现代的人来说，诗当然不是非得用五言七言的形式。生活节奏不同，我们有更为当下的表达方式。

尽管忙碌得像龙卷风一样，但一地鸡毛的生活琐碎皆可成诗，皆可入画，从日常生活中捞出几分诗意，生活或许会更容易一点点。

所有画面最终的呈现是基于创作者做出的取舍和一系列的决定。至于怎么做，或许有许多的方案，没有一个是最佳的，但它一定要自然呈现出你一生的学养、经验、眼界和经历的积淀。

这是一个永不停滞的过程（停滞了就出问题了）。齐白石在十几岁学木匠时，懵懂地在油灯下临摹借来的《芥子园画谱》，全然不知日后的自己可以经由不同的机缘和人，不断突破、学习、面对质疑。

我们还有好几十年的时间慢慢积淀。人生还长，慢慢来，莫着急。

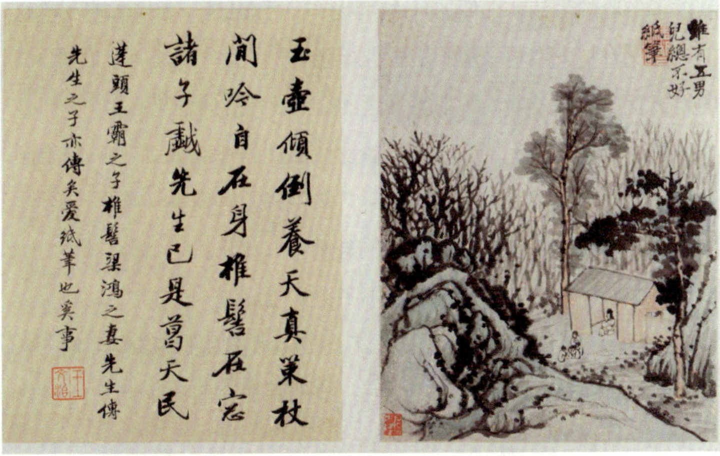

图 4.3-8 ◎ 石涛《陶潜诗意图》（虽有五男儿）

4.4 寻常烟火都是诗

这几年我总跟人说“你就是艺术家”，总有人条件反射地回答：“我不是，我可不是，我没学过。”

人人都是艺术家，和职业无关，和生活相关。武术家李小龙有本书《生活的艺术家》，除了功夫，更多讲的是生活中适用的哲学观念。任何一条路通下去，都可以看到美，看到创造，你参与其中了，就是艺术家。

即便你没有职业，也可以想想看，你如何使用自己的时间，怎样度过了自己的生活，即使“什么都没做”，你也是一个生活的艺术家。

这一章和大家再一起欣赏一位抚慰我们灵魂的艺术家，他跟大家的距离就更近了。要说发现生活里的趣味，他是专家。

朱自清这样评价他：“我们都爱你的漫画有诗意，一幅幅漫画，就如一首首小诗——带核儿的小诗。你将诗的世界东一鳞西一爪地揭露出来，我们这就像吃橄榄似的，老觉着那味儿。”

对了，已经剧透了，他就是丰子恺先生。

他从 20 世纪早期就开始创作了，很多人都是他的粉丝。他的人、文、字、画，一切都是那么的美好，他的画在我们活在当下的人看来依然那么亲切。

图 4.4-1 ◎ 丰子恺《妹妹新娘子，弟弟新官人，姊姊做媒人》

丰子恺先生的画虽然简单，但又着实严谨。他的构图借鉴了很多中国画的传统范式，比如山水画典型的“两山夹一水”——两块陆地，中间有水。这种范式用老年大学式的画法很容易就画俗了，但他的处理方式就让人感觉很亲近。

就如同生活中的很多议题，可以很简约但是又不简单地表达出来。经过处理，把非常繁复的事情处理得简单，但个中滋味又让人流连忘返。

现在有一些网红画手，乍看还行，但看多了会腻，本质就在于画面处理的功力和丰子恺是不一样的，内在的厚度和张力也不一样。作为精通艺术、音乐、设计各个领域的通才大家，丰子恺这些隽永小画虽然只是平常的生活场景，但是能把我们带到更为凝练的意境中。

图 4.4-2 ◎ 丰子恺《冬》

丰子恺的画把生活漫画化，我们觉得生活里不那么能入画的场景，在他笔下也变得憨态可掬。包括送孩子上学、嬉笑打闹，就像发生在身边的一幕幕。

原来，生活的每一个角落都充满了生命力，都是新鲜的。满眼望去，明明生活很凄凉，但到处都那么温暖，特别幸福。

在他的画里，衣服老大穿完老二穿，浑身是补丁，明明很艰辛的生活，看过去又是特别美好，让人会心一笑。他的作品实在太多，民国的老课本，一套又一套的图库，大家可能比我对他更熟悉。

前些年，老先生 120 周年诞辰，举办了很多纪念展，现场人山人海，水泄不通，想来，主办方都低估了他在人们心中的影响力。

我想，这种情况投射了人们当下的状态：太忙了，太急了，不知道被什么牵着赶着走。而丰子恺画里的精神让我们发现，其实我们本来是那么放松、极具幽默感的一个族群。

穿成粽子一样、圆滚滚的祖孙（或父子）俩，画家用寥寥几笔勾勒出他们笨拙又认真的背影（见图 4.4-2）。看到这里不禁莞尔一笑：生活不就是看着家人的背影，心里涌起无限柔情吗？那一刻便觉得人间值得。

慢下来看看你生活里的很多事情，一切都是那么有诗意，如果真的错过了，那才最可惜。

丰子恺说："我的心为四事所占据了，天上的神明与星辰，人间的艺术与儿童。"面对同一个世界，每天经历那么多人和事，留下什么在心中，如何取舍，决定了我们的样貌和画面。

不妨把丰子恺当成引领自己前行的风向标，用生活滋养自己的状态，再用这样的状态来体味更多生活中的美好。

在以绘画为主题的课程和书中，我之所以喋喋不休，带着大家一起看很多画，讲诗意和生活，就是希望每个人都能有机会多看、多体会，逐渐形成一种能力去衡量和取舍，哪些是值得花时间揣摩和学习、可以帮助提升自我也提升绘画意味的好东西。

丰子恺先生曾在一次演讲里说："我以为人的生活，可以分作三层，一是物质生活，二是精神生活，三是灵魂生活。"这就像人生的三层楼一样，有些人一辈子只满足于物质生活，而有些人却还有力气，爬到精神生活那层楼看一看，那么他的世界就会大不一样。

想不想一起互相搀扶着，爬上第三层楼去看看？

4.5 不可一日无画（4）

有个没被验证但却被很多人相信的说法——21天养成一个习惯。道理大概是，但凡一件事情形成了惯性，成为自己日常的一部分，一旦停滞就会觉得缺失了点什么，而上了这个轨道，坚持就不是个事儿了。

我有个朋友，每天叠格子，写64个字，必须完成这个量。其实倒不是以工作量为衡量标准，不是为了写完这64个字而练习，重要的是过程中要有体会。假如没有完整的时间画完一组花，不需要有没完成工作量的歉意，可以只画一片叶子，一个花瓣，在画的过程中与画的对象产生交流，这样，自己不断累积的关于绘画的感受就又丰富了一点点。

说到底，画与不画，自己的感受最明显。

那些一直在画的同学在两个月的时间里，已经画完了一个本子。

有人说："这已经是这个本子的最后一页，感慨颇多，用了一个月的时间，写了很多感想。这个本子回看时还蛮有成就感的，有手，有第一朵花，有孩子睡觉的各种样子。记录的不仅仅是小花，而是生活，是生活中最真实的状态。"

再累的时候也要画一幅小画，最后画的结果是很自然的呈现，更

图 4.5-1 ◎ 戴亚楠 野花写生

重要的是，这个过程我们要好好享受，要在繁忙的生活中停下来，给自己补充能量。本书中，我没有刻意去选择画作，只是选了时间最近的。大家在画的过程中的反思也让我很感动。同学们每画一张，就比上一张好很多，在这个过程中有意识地做一点尝试，有调整，一定会有变化，有更多的方法出来，可以跟其他人分享，提示他人还有这样一种方式。

玉米成熟了，虫儿在歌唱，怎么忍心不画呢？

孩子们的鼾声又响起来，如果还有精力，就继续画一会儿吧！

这一节有三个小练习，推荐给大家。

练习 1：诗意表达

这一章里前面出现的俳句练习，大家可以试着完成。也可以在之前的小画上尝试诗意表达，画不够，诗来凑一下。

练习 2：认真地画一幅画

如有更多的时间，就把自己的画更全面地画出来，体会一下不同线条的功能和处理的方式，尝试一下更有画面感的呈现。增加了诗意的表达之后，可以对自己再多一点要求：整体构图如何规划？多想一想，画面上的什么事物应该放在什么位置，它们之间是什么关系。

布局、诗意的表达，都要艺术家自己做取舍。

在天气允许的情况下，可以出去写生。

练习 3：从临摹中学习

可以搜索、临摹丰子恺先生的画，放松地临摹一下，观察画面配的诗句和它们所放的位置。

然后，把学到的用在自己的作品中，这才是临摹的意义。不在于在形式上一模一样，而在于得到内在的精髓。

第五章

你今天的样子

黄庭坚说，人不读书，则尘俗生其间。中年以后，我们的样貌不再仅仅来自自己的父母。读过的书，经过的事都造就了我们今天的样子。

工作、婚姻需要经营，你和艺术也同样如此。关于画面的一些原则性的“经营”问题，仔细追究起来，竟然和人生的经营有同样的哲思，无非平衡或是打破，如何与周围呼应观照，凡事留有余地、不要做满……

学了一点技巧、做了一点训练之后，你的疑问会越来越多。学一点画面的经营，进入一个新的境界，成就一个更好的样貌。

5.1 一切都要经营，你和艺术都是如此

学画的时候会有一个瓶颈期：形成了习惯，天天画，但是又觉得没什么进步；好像学会了一些，看了很多，明白了点儿，但是不能用在自己的画面上；没有成就感，很挫败；甚至，越画，问题越多！

你认为大概的原因是什么？

A. 努力不够？

B. 天分不够？

C. 老师不好？

D. 这是进步的标志？

E. 我有标准答案：____________________

无论临摹还是写生，享受画画的同时更要思考，每张画画得成功与否，其实并不那么重要。在习作中，有新的体会、发现、心得，并运用到下一次的练习中，才会不断进步。最好的作品永远是下一张。问题越来越多其实是好事，只有画了才能把问题暴露出来，在画中发现，也可以在画中解决。

为什么要讲构图呢？什么是构图？我们可以回头再看一下，在技

巧方面，构图是怎样一点点地加进来的。

首先我们掌握了一种元素，用“线条”来画，它是我们的工具；

然后去“看”，看得更仔细，真正地看到、感受到，学会真正的观察，再用线条把它画出来；

接下来，更深入地分析线条，它有什么不同的功能，把轮廓、结构、情感的表达用不同的线条相对地区分开来；

之后你有进一步表达的需求，再用短线条来补充一下，虽然不是涂涂抹抹、黑黑的素描，但是某些部分你是需要这样的表达的。

有同学试图用短线条画云，画完之后可能会觉得处理的方式不够理想。那这个方式是不是完全不可以用来画云呢？也未必，要有实践精神，可以不断地试下去，或许会有不同的效果。

每当我们掌握的“工具”多了一点，游刃有余了，都可以有更进一步的表达。

之前我们一直强调“我手画我眼”，尽管也在上一章讲到了画面的诗意，要把感受画出来——“我手画我心”，但基本上我们目前还是处在一个把眼前所见如实画出来的阶段，在以上的练习阶段中我们努力做的还是一种现实的再现。

今天要涉及的话题是很核心的构图问题。稍微接触过一点艺术教育的人都听到过这个入门级的专业词语，但你有没有想过，画画为什么要学一点构图呢？

这不是因为课程设计涉及了这个议题，而是因为，如果从头跟着这本书画下来，每天做一点练习的话，基本上到这里就会出现一些困惑。

随着大家的不断练习，画儿画得越来越复杂了，现在就需要讲到这个话题，否则画的过程中困惑会越来越多。

图 5.1-1 ◎ 戴亚楠　白芍药水墨写生

朋友从自家花园里摘的白色芍药，我赶着在它凋谢前把它画下来。一瓶芍药当然也有构图问题：从哪个角度画？桌上堆满了掉落的花瓣，要如何处理？

从零基础开始学画，初步掌握了线条的使用之后，慢慢地，其他的问题就会浮出水面。比如，从二楼往下看到的一段漂亮的屋檐，你怎么把长廊的屋檐画出来？复杂的场景如何处理、构造？在小区里写生，树林很美，可自行车棚有碍观瞻，又要如何处理呢？

很多人执着地认为，绘画的目的是再现现实，所以画得像不像成了他们根深蒂固的标准。倘若抛却照相机式的绘画，赋予画面更多绘画性、艺术性，又会怎么样呢？

在写生的过程中，画到了六七分时，更重要的是对你的画面负责，而不是试图再现眼前的物象。这就涉及构图的能力，你自己要对画面有所经营、取舍，化繁为简。

比如，应如何把人物放到景致当中，树、草、人如何配合，其实不需要特别强调“近大远小”，但是这些物象、景物的位置和关系该怎样处理，的的确确是需要考量的。

关于构图这件事情，古今中外很多艺术家都会提及。中国的第一本画论《古画品录》里就涉及了这个概念。作者谢赫是南齐的艺术家，他在里面提到的中国画的六个原则，被称为“谢赫六法”。

到现在为止，很多关于中国画的说法依然在重复这“六法”，或从各种不同的角度诠释和阐释这六法，比如我们常听到的词“气韵生动”。遗憾的是，谢赫并没有把他的六法解释得特别清楚，所以到现在也并没有一个统一的认识。比如这个“气”到底是怎么回事，很多人都有不同的解释。所以，观画有好眼光、好品位，真的很重要，这不是听二手经验来的。不给江湖术士留生存空间的方法，就是自己多看好画。

在这里，我们主要讲的是构图，它在六法里的第五法中被提到，叫作“经营位置”。丰子恺先生给很多人讲过西洋画的画法，他认为，不管是东方还是西方，当大家讲到构图的时候，不用那么高大上，其实就是你画面里的物象，不管是人物、石头、树，凡这些你要画的内容，怎样布置在画面里。

同样，20 位艺术家面对同一片风景写生，哪怕材料相同，每个人最后的呈现都是不同的，这就在于每个人的经营模式不同，就像同样的食材，每个厨师最后的成品也不同。在这个加工的过程中，有艺术家自己的取舍和一系列的决定，而正是这个经营位置，让绘画成为一个创造性的过程。

不同的时代、文化背景之下，构图并没有唯一标准。这里看到的两幅作品的构图，并不能也没必要分出高下（见图 5.1-2）。现代艺术之父塞尚凭借一己之力把艺术推向一个新的维度。毕加索说，塞尚是我们所有人的父亲。看似稚拙的寥寥数笔，描绘的是对象的本质。而另一幅齐白石的作品，毕加索见了也惊为神品。好的艺术有一点是相同的，重本质而非外在的所谓写实。

塞尚把桌面向前略微倾斜，让观者可以看到更多桌面上的内容，这已经是西方古典视觉艺术的一个巨大进步。殊不知，这一步在中国

齐白石 《青柿图》

塞尚　静物写生

图 **5.1-2** ◎ 东西方静物

画里早已出现并且传承许久。中国水墨的构图是忽略掉主体后面的背景，筐外的柿子如果用透视法来看，像是飘浮在空中，画面中用留白带给观者无限想象，在这个又细又长的挂轴的构图上又显得分外和谐。

总之，构图大致就是这样一件事情，需要你在画一个对象、一个景物的时候，不是它现场看着怎么样，你就怎么样来画，而是有点像画一组静物，每个静物怎么放，是在你画之前通过构图就已经有所规划的。当然，最后如何表现，还是每个人都会不尽相同。但有些画，比如一棵树、一座房子、一个山坡、一个小朋友，都是没有办法像苹果、花瓶一样事前安排移动的，你只能在画面上做取舍、移动。

说到底，一幅画和你的人生一样，都要不断地经营，因为它们都是你的一系列思考和取舍的最终呈现。

5.2 关于构图不得不知的8个原则

为了讲好这个话题，我翻了很多关于绘画的资料。在讲到构图的时候，有很多特别高深的说法，大部分的规矩讲得太绝对，而在艺术已经进入数字化、多元化时代的今天，我不认为有非黑即白的唯一答案。我们目前需要的是一些基本的可以用在每天绘画练习中的指导原则。

后来真是太巧合了，我仔细看了丰子恺先生关于构图的几个原则，他表达得就特别简单、清晰、易懂，还亲自画了一些示范图，让人看得明白。

能够把复杂的事情深入浅出地诠释清楚，才能称得上大师吧。既然有这么好的“教材”，那在这一节里，我就借用丰子恺先生的说法，来给大家做一个简单的介绍。这里用作示意的小图是我重新简单勾画过的。

原则 1：物象在画中的位置，不可太偏，亦不宜太正

如图 5.2–1 中，从左到右 A、B、C 三种示意图中的物象，你觉得哪一个更好？答案是 C。

这条原则翻译成大白话就是，别太歪也别太正。简直不要太简

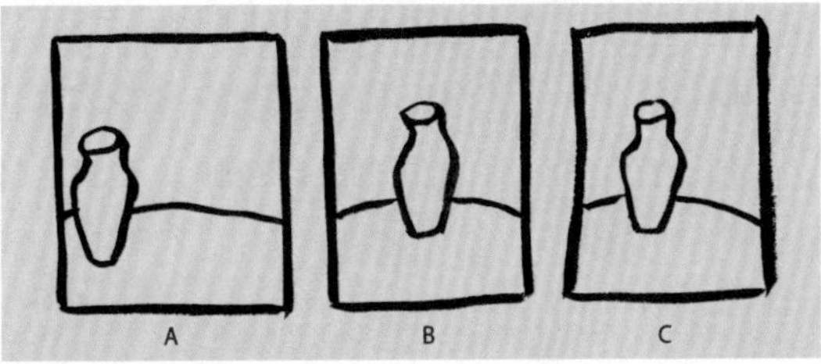

图 5.2-1 ◎ 原则 1 示意图

单啊！

这个表达很清楚，这个示意也很简洁。当然，现在大家看到的很多当代的艺术作品，其实已经突破了这样的平衡。我们这里讲的是相对平衡，也是练习阶段需要遵循的方式。B 其实也可以，这要看最终的画面需如何处理，如果除了这个在正中位置的花瓶，桌面上还有朵掉落下来的花，稍微歪一点，打破这个绝对的平衡，那么花瓶在中间也是可以的。

原则 2：两个以上物象在画面中，排列须既有规则又有变化

大家应该也看出来了，图 5.2-2 这几个示例里面，A 为最佳。它的排列既有规则又有变化，太整齐肯定不好，太分散感觉也很别扭，“不能太循规蹈矩，也不能太散漫”。万事万物都是相通的，画画、做人、教育孩子其实都一样。

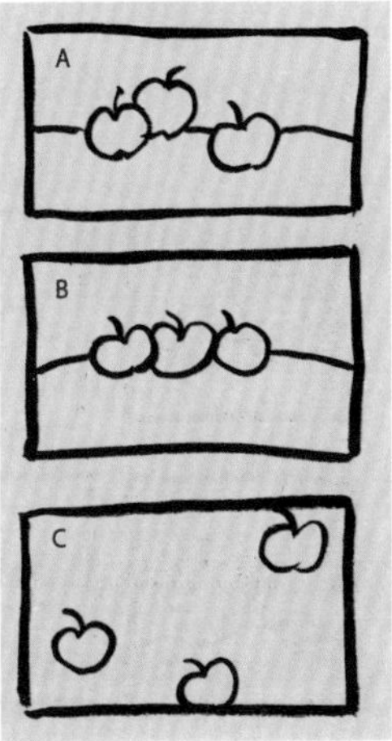

图 5.2-2 ◎ 原则 2 示意图

这跟一个人的状态也差不多：太四平八稳了，就变得没趣了；如果太不在乎别人的感受，太过放飞自我，也会给他人造成不便。

那么，最理想的状态大概是：既有一定的原则又有一定的空间，有一点小趣味，偶尔能跳出舒适圈和固有的圈子。就像大家平时勤勤恳恳地工作，带孩子育儿，随时任性地画一点画儿，这就是最完美的状态。

原则 3：两个以上物象，须互相照应，不可反背

当画面里有两个物象，哪怕不是活着的，是没有生命的，哪怕是水壶和苹果，它们互相之间的姿态也要有一个呼应，好像在对话一样。“哎，你还没熟怎么就摘啦？”“哦，我……”互不搭理是不可以的。

说句题外话，今天我们学的构图肯定对拍照很有好处。有些照片我们一看就觉得哪里不对劲，比如两个人都是对着外面的。在画中国画时，老师会说这个气都出去了，没有聚在一起，里面两个物象相互没有交流，这是蛮奇怪的一件事情。

大家再看左下边的壶和杯（见图 5.2-3），画得也挺好，但是二者没有互相交流、对话的感觉。如果我们把单个构图不理想的图拿出来，作为完整的作品，在里面通过上色、补充背景，也未必没有办法使之成为一幅好画。

图 5.2-3 ◎ 原则 3 示意图

我们在这里是摒除了所有其他的因素，单纯看构图的部分，没有其他因素的影响。一个大概的标准是，画面里的人物是要有照应、有对话的，就像《创世记》里，米开朗琪罗不会把两根手指分开来画。因为有照应，才会有对话发生，才会有故事发生，才会让观者有种想要了解中间发生了什么的欲望。

原则 4：数个物象须高低进出，宜参差变化，切忌梯形

如果是图 5.2-4 这样直接的对比，应该很容易看出来，哪个更合适一点。显然是左图更优。

画面上的物象除了有交流之外，还没有台阶那样一级一级的感觉。很多参加绘画课的妈妈喜欢临丰子恺先生的画，他画里的人物就不会出现台阶状。

看示意图中右边的图，把画面中的三个人的头顶连成一条线，就是一个大斜杠，这条线就像把这张纸裁开了一样，而左图中的线条就有起伏变化。如果把右图中妈妈的角色换成小朋友，两边变成一般高的小朋友，那中间就是高的，这样也不好看，因为太对称而没有变化了。

所以，在不知道应该怎样判断的时候，你可以把几个物象连成虚拟的线条看一下，这样就会知道这根线条在你的画面里面是不是很别扭。比如画一株植物，如果顶端的花和叶连在一起是一条大直线，就会比较别扭。即便那株花不小心长成了这个样子，你也可以帮它加上几片叶子和花瓣，所谓经营就在于此。

图 5.2-4 ◎ 原则 4 示意图

原则 5：许多物象在画中，须注意画面的均衡。物的分量不同于现实的重量

在画一个场景时，你需要注意画面的均衡。均衡不是指具体的

图 5.2-5 ◎ 原则 5 示意图

数量，而是指你画的物象的分量。人、房子、树、山，不是根据现实当中的重量来画。你需要注意物象的均衡，这可能相对难一点。

丰子恺先生把图 5.2-5 作为示例，他认为下图优。因为示意图不是完整的画，只是看构图，所以有一定的局限性。坦白地讲，我认为这两幅画的优劣没有那么明显，但他的观点是，下图人物在画面里占据的分量很大，而且有行走的感觉，与右边固定的房屋、树形成一个呼应。

我仔细看了一下，如果把上图左边的群山稍加处理、稍作调整，这样的构图也可以成为一幅很好的画。比如，山的状态不是那么平和远，而是分量足够，跟人有互动感。示意图中，山在里面是更为遥远的感觉，所以这幅较难判断。

在中国画里有很多景点、人物很小很小，在一幅巨幅山水画里（38 尺甚至更大），它只有一小点，可是却非常重要，起着四两拨千斤的作用。我觉得挺好玩的，丰子恺先生不是在讲中国画，而是在讲构图，讲构图原则。但他全部都是用中国画作为案例，虽说瓶子也可以画成西画，可里面的元素还是很中国范儿的。这种中西合璧很有意思，很适合我们现在去理解和使用。

原则 6：画面中同方向的形体不可太多，宜相互对照

在第一次给大家看这张图（见图 5.2-6）的时候，很多人说，这

个很难区分，左右两幅图好像都还不错呢。

这个其实没有那么难。右优。

大家看，画里的大部分元素都一样，只是人物手里拿的东西不一样，且右图多了凳子。你不用管多的是什么东西，关键看线条。如果大部分的线条都是竖着的，你一定要让线条有变化。原则都是一样的，后面的几条原则是前面原则更为具体的应用。

像位置的摆放，要有一定的规则，但不能太死板，也不能太散漫。图里面大部分是用竖线，就要有短一点的横线去做变化，比如右图里横抱着的琴。有规则又有变化就是好的。如果没有变化，就变成排排站，变成一个队列，太整齐了；如果完全没有规则，那就成抽象画了。这需要大家慢慢通过实践来把握。

图 5.2-6 ◎ 原则 6 示意图

原则 7：画面中直线与曲线对照，增添美感

同样的风景，里面应有一些柔美的线条。图 5.2-7 里面，左图中没有伞，也没有人的婀娜的背影，里面还杵了一根电线杆。右图是在很硬朗的房屋前后加了飘动的柳条和伞。

图 5.2-7 ◎ 原则 7 示意图

原则 8：画面勿用物象填满，有空地，则爽朗空灵

中国画里的留白不仅仅是留下来的空白，而是呈现画的很重要的部分，图 5.2–8 的例子是中国画，这样容易讲通。我们会看到很多东西，刷刷刷画出一堆很容易，留白就需要取舍。

这里要强调的是，留白是相对而言的。如果说左边的构图是好的，那右边的构图可以在色彩明度上做怎样的处理，才能弥补构图的缺憾？

这些虽说是画面构图的原则，但也适用于对人生的经营，多点变化，留点余地，与周边建立联结，互为呼应……

图 **5.2–8** ◎ 原则 **8** 示意图

5.3 经营位置，作品大不同

这一节里带大家认识一位“处心积虑”的构图大师，这样形容他是因为，密集的构图其实容易调整且有机会隐藏些许瑕疵，而大师则寥寥数笔、惜墨如金，经营水准高下立现。

八大山人，原名朱耷，遗世伟大的艺术家，在中国画历史上是浓墨重彩的一笔，而他的作品仅从元素上看却是寡淡至极的。明明是皇室子孙，朱元璋的后代，为保全自己却只能遁入空门，隐居山野。大概也是因为这样的人生经验，自此他便以白眼示人。

八大山人画里的元素少到不能再少，画面里位置的经营却是“处心积虑”的。经过谨慎理性的规划，他把画面经营成了我们看到的面貌。

这些画面看上去虽然断舍离到了极简状态，但视觉上却又并不单调，以少少许胜多多许。

画面上的任何一个元素都是被“处心积虑”地勾画之后才带着完成构图的任务出现的。他的题款“八大山人”几个字，乍看之下有点像“哭之”“笑之”（见图 5.3–1）。总之，这个人压抑太久，想法太多，所以总在很简单的画面元素上呈现出极度丰富的情绪表达。

西洋绘画不讲究这个，画完了，艺术家在哪里签名似乎都问题不大，而中国画则不同，题款的位置是整体布局的一部分。书画印俱佳

图 5.3-1 ◎ 八大山人作品局部

图 5.3-2 ◎ 八大山人作品局部

的书画家可遇不可求，很多书法家不会画画，而很多中国画画得还不错的人，写了字之后，画面就没法看了。

我在美国给中学生上课，分享过临摹的一幅画，我说，这画上的字是一首诗，而画面又是诗的意境，字和诗合在一起才是一个完整的作品。他们追问，那么是先写字还是先画画呢？

大部分艺术家，尤其是画中国画的艺术家，基本是画完之后再看在哪儿题款合适。字并非说明，而是同样承担了作品的审美职能，是构图的重要组成部分。

上面这幅局部图（见图 5.3-2），两条鱼面对的方向和眼神相得益彰，画面瞬间灵动起来。这一条倒是非常符合前面构图原则中讲到的，画面上的物象要相互交流，而这两条鱼，虽然没有语言和动作的交流，但显然有共同关注的东西。

一种很好的练习方法是，在我们日常画画的过程中，把题款落在上面，哪怕写生，也要认真地按照画面构图，找到合适的位置留下名

字。无须等到练就一手好书法再做。把签名也作为经营位置的练习，让它们成为画面中有机的组成部分。

如果看不出自己的构图有什么问题，看着没有感觉，有一个很好的方式是，采用现代手段，拍成照片，画面问题在屏幕上就会特别明显，哪里太满，哪里太空，一目了然。这个是我常用的方法。

在画面上，没有任何一个元素或者一种颜色是随机的，只要出现了一定都是你经营的结果。虽然说敏锐的感受力是艺术家创作的能量之源，但其实理性思考的一面一直也很重要。好作品一定不是偶然出现的，需要理性地经营置陈、运筹帷幄。

在前面我们提到过一位抽象艺术家蒙德里安的作品，他的冷抽象作品用的是黑色的线条和极简的红黄蓝几种颜色。据说，曾经有一个绘画比赛，参赛选手可以临摹蒙德里安或者印象派几位艺术家的作品，结果令人大跌眼镜的是，临摹蒙德里安的人败下阵来。可见，这些看似简单的线条并不是随机地放置，而是艺术家深思熟虑后极度理性地布局之后的结果，差之毫厘，谬以千里。

所以，理性的头脑也是优秀艺术家不可缺少的特质。

关于艺术的道理都是相通的，当你能够看到简单中的不简单时，大概便真的半只脚跨进艺术的大门了。

各位大艺术家，加油吧！

5.4 不可一日无画（5）

练习 1：绘画元素重新组合

先做一个小练习，在以下这些八大山人作品中单独的绘画元素中选择 2～3 个，重新组合成一个画面，画在画框里。

图 5.4-1 ◎ 八大山人的作品元素参考

◎ 注：画出大致的轮廓即可

布置位置的时候，参考前面学过的 8 个构图基本原则。

练习 2：经营方案

继续每日一画，在写生之前先打个小草稿，练习一下构图，作为你的经营方案。一个场景可以有不同的方案，多尝试几个，然后选一个最优方案来实施。

以前画过的题材，可以改变一下构图，再重新画一遍。

第六章

万物皆可入画

学了一些最基本的技巧之后，持续的练习是进步的不二法门。我们往往只看到艺术家用感觉来创作，而忽略了他们夜以继日的勤奋练习。其实，能够长久地保持热情是很重要的能力。

画什么是所有艺术家都面临的问题，而生活是我们取之不尽的资源，来自身边的一切都是绘画的对象，万物皆可入画。

因此，重新审视我们的生活，与之建立更紧密的联结，发现自己的天分所在。

在这一章里，我把前面提到的绘画学习稍作总结，帮助大家梳理一条学习的线索：临摹—写生—创作；以及树立一条绘画的终极标准——气韵生动。

正式开始进入这一章之前，从 0 ~10 评估一下自己的艺术天分吧！（0：完全没有天分；10：极有天分）

0　1　2　3　4　5　6　7　8　9　10

我的标准不一样，我的分数是＿＿＿＿＿。

你觉得自己有绘画的天分吗？每一次问出这个问题，收到的回复按数量从多到少依次是：6、5、7……中位数是 6，我试着解读背后的声音："既然花时间来上一个绘画课，基本艺术素质应该是及格的吧。"

我很奇怪的是，为什么没人选 10 呢？每个人天生都是一座巨大的艺术宝藏，只是暂时还没有合适的方式激活这座体内的小火山。每个人都是 10 分！

第一批一起参与试验课的妈妈接触到这一章的内容时，差不多已经画了三个月的时间，我看到最多的打卡次数是 70 多次，那就意味着，几乎每一天，她都要画点什么。在既带孩子又工作的节奏里，这是非常不容易的一件事。咱们都是素人艺术家，你画得稍微进步一点，马上就会有人问，你学过吗？你没学过吗？你是零基础吗？

即便是零基础，完完全全地从零开始画，每一个人也是不一样的。有的人，第一天开始画就很从容，而有的人的线条是颤抖的，这中间需要一个过程，一个平衡，一种法度和自由的平衡。

那什么是法度呢？比如说，上一章我们讲到经营位置，关于构图，的确有一些规则。但是，可能也会有一些个人的东西放在里面，我们完全按照一定的规则来未必就是对的。这要有一个平衡。

这非常像练字。写毛笔字，要选自己喜欢的字体，临一些字帖，那是法度。但其实最根本的目的是写自己的字，写得舒畅自由。要经历一个过程，才能逐渐接近自己想要的样子。

比如小时候，我们多少都学过写大字，而且大部分的老师都是从楷书教起的。练个二把刀之后，我们要写自己的字了，前面过度强调的有规矩的练习反倒成为一个特别大的阻碍。如果你写了很多东西，有很多限制，很不自在，就要好好反思一下，这个路径是不是有什么问题。

而这中间难道没有法度？当然不是。

你用笔的时候，有自己的自由。就像很多大师，看上去已经很自由自在了，他们还是会把那些法度融会在字画里，如此便不会犯一些原则性的错误。

所以，在每天的练习过程中，他们可以与法度和平相处，可以画自己的画，可以写自己的字，可以把自己的感动表达出来。

在几年前的夏天，我参加了一个小小的展览，展览中有我的画，可字我是不大敢写的，一定要临才可以。后来，我喜欢去临扬州八怪李鱓的册页。他的很多册页，只画了一点点东西，但写了很多字，不是在字帖上正气凛然、排兵布阵的那种，而是很自由的那种。

从他的画里，我终于体会到，字就是画面的一部分，像歌曲中的旋律一样，一定要有，但绝无压力。那时我才确信，我也可以写自己的字。所以，对我而言李鱓是一个极其特别的存在。睁大眼睛，或许也有一个艺术家静静地端着自己的作品等着你去发现，赫然棒喝之中帮你打开一扇新的门。

虽说每个人的路径都不相同，可是自在的状态是只有自己才感觉得到的。

以前练字要正襟危坐，非常有压力，老师和自己的愿望都是临得跟帖上一模一样才行。但当你获得了写字的自由之后，再去临碑帖，会跟从前不一样了。这时，即便再照着去临，也会有一种意念，能写出一种自己的感觉。

你越是放松，你的线条越无碍自在，那样的线条就是好的。

每一个人，学习的节奏、入门的方式都不一样，学画大抵也是一个自我探索的旅程吧。

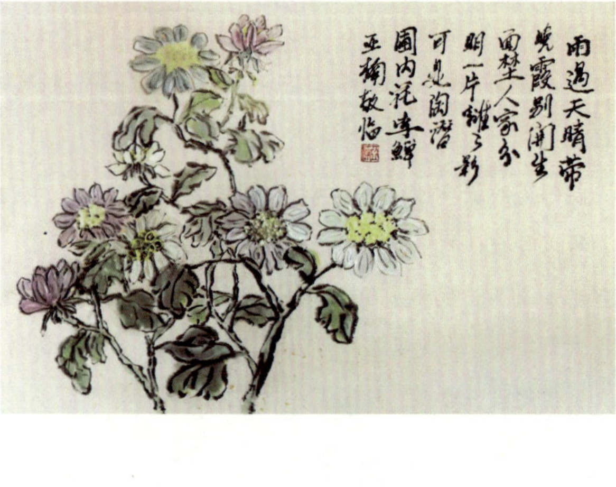

图 6.0-1 ◎ 戴亚楠临摹李鱓

6.1 画什么，是所有艺术家的疑问

临摹、写生、创作，在很多关于艺术和学画的交流中，这是三个高频词，但显然，每个人在说到的时候，都赋予了它们不同的含义。我想，只要把这三个词的关系理顺了，弄清楚了，就可以回答这一节题目里的“画什么”这个大问题。

画什么是所有艺术家旷日持久地在思考和面对的问题。艺术和生活如此密不可分，你的生活就是你的艺术来源。

前几年，我带着一起画画的妈妈们去看艺术家肖进老师的展览。展览上的很多幅画都和水相关，其中一幅画里有一个主席台和一个水塔，构图简单，却意味深长。她说，画的是印象中中学时的校园环境。

当时有人问：“操场就是那样的吗？”（这是个很典型的问题，很多人以画面和实景是否一模一样为评判标准。）

她解释说，画面表现的就是一个意象。具体说来，操场好像是这样的，但是水塔是另外一个镇上的，地面的草坪似乎也没有那么茂盛……这就是创作。

这些元素在现实中存在，但在画面上如何呈现，确实需要艺术家根据自己的想法来安排。只要艺术家的脑海中拥有这个画面即可，不必完全地再现实景。

临摹、写生、创作，它们的大致含义分别怎样界定？三者之间的关系又如何呢？在这里，我试着根据自己有限的经验来解读一二。

1. 临摹——学习已经被二维呈现的画面

要向成熟的作品学习。在临摹的过程中，可以学到很多，比如构图、如何使用线条、如何使用一种艺术材料、如何营造一种氛围等。

临摹经典在所有的学习中都是必经之路，目标其实并不是临摹得一模一样，而是从每一次的临摹中学到一点东西，受到一点启发，日积月累，找到自己用起来最舒服的画法。我们可以将其称作“研究性临摹”。

丰子恺的小画临摹起来不费力，很有乐趣，是因为作为漫画的画面已经被处理得比较简单。临起来不费事，就能取得不错的效果。但

图 6.1-1 © 戴亚楠临摹赵之谦

要记得的是，临摹除了获得乐趣，也要有分析，学来本事放到自己的画里，否则就和很多店里让人照猫画虎描一次凡·高的《星空》没什么两样。

2. 写生——对着实物来画，将立体的、三维的变成二维的存在

写生大概是最常见的一种艺术训练了。写生一盆花时，我们可以围绕它从各个角度不断地观看，思考如何用学到的方法把它用一个平面表现出来。

假如你对实物都这样观察的话，就会有更多的发现和深入的了解，跟只是临摹一个已经画下来的作品或一张照片是完全不一样的体验。这也是我认为除非迫不得已不要画照片的原因。

目前，在很多的绘画课程甚至在学院中也出现了轻写生的倾向，因为拍照实在是太方便了。正因如此，人眼的观察经验才益发可贵。观察似乎是一种被轻视的能力，这种能力并不是与生俱来的，只有你能够真正地看到，才可能有把肉眼所见画下来的热情和冲动。

大家总问我要准备什么材料，我就开玩笑说，要把人作为艺术学习者的这个硬件先升个级。这个升级只有在面对实物写生的时候才能进行，把手、脑、眼和感受打通了，自己看到，才是写生学画的第一步。

图 6.1-2 © 戴亚楠 花写生

看到的是什么？看到的不是概念化的写生对象，而是自己的感动和生命的状态。一根树枝，虽然在这一刻是静止的，但它是有自己的生长方向的，把它的生长放进不同的时间维度里，可以看到生长线条的轨迹和方向。要全身心地去感受，然后坚定地画下来。

不要拘泥于任何一种材料或工具，尽情表达你感受到的真实的生命状态，这也是写生的最高追求。

3. 创作——以临摹和写生中学到的一切为基础，取舍，甚至是无中生有

首先要说明，创作的行为在临摹和写生的过程中其实或多或少地都已经在发生了，而这里所说的创作大致指向的是一种更为纯粹的创作行为——以一定的写生和临摹为基础，获得一定的能力以及风格 / 材料的启发，进而生发出一种个人化的创作风格。

比如，在常年写生我家俩孩子之后，2020 年秋天，我突然想尝试一下从来不用的彩铅。一番探索之后，画了一批梦幻的小肖像。这大概就是一个比较典型的创作行为。

图 6.1–3 © 戴亚楠 彩铅小画组图

从临摹和写生中，我们可以学到很多。临摹是从现成的艺术作品中学习，写生则是从实体的物象中学习，但最重要的还是最后怎么将这一切变成自己的，帮助自己在创作中营造画面、进行表达。

曾经我有一位老师，听她讲创作方法时觉得好像很简单实

用，但过后回想，觉得还是挺有问题的。作为一个中国画家，她告诉大家去翻翻不同的画册，翻翻这个有花，翻翻那个有鸟，最后将它们组合在一起就好。

这样呈现的画面最后看上去可能也不赖，但是忽视了即便作为初学者，创作也还是要有所表达。从心出发，才能有所负责。当然，可以去借鉴作品或多看一些事物，但为了组合而凑在一起，那可不叫创作，因为你没有产生感动，而仅仅是在做一个拼贴速成品。

这种假性创作对于艺术学习最重要的部分——个人表达，是没有提升的。艺术家最重要的素养和内在精神没有得到提升，是一个无效的甚至负面的学习经历。

艺术学习的本质是一个人从本质上得到提升，而创作是精神状态的视觉呈现。哪怕是一个入门的初学者，这个部分依然不可或缺。

康定斯基的《艺术家自我修养》中有几句话，我们可以借鉴："艺术家必须有感而发，因为其目的并非是对形式的驾驭，而是使形式与内在含义相适应。""勃克林普说过，一件真正的艺术作品必然是来自一瞬间的灵感，单纯的绘画和构图并不能帮助艺术家实现自我表达。"

要有一个发心，无论是临摹来的，学来的，还是写生来的，能够带来感动，这个方向才是对的。创作，要先打动自己，哪怕技巧是稚拙的。

要有一些灵感和感动，哪怕是讲不清楚的什么，也一定要有这样的基础。

一个丰富的有深度的人，会愿意去发现，从而不断构建自己。

关于画什么，你是否有答案了？

是的，那些让你感动的任何事物都可以啊！

真的可以？真的可以！

6.2 夜半厨房里的模特

画画的终极目标是什么？用中国画论，来自谢赫六法的第一条就是气韵生动——好画的最高标准。

直白地解释的话，我认为就是先不要管外形像不像，只要你画的是生动的、鲜活的就行。

那么，我们作为非职业画家，没有被学术、市场绑架的自由艺术学习者，要如何理解和实践“气韵生动”呢？

还是要回到初心：家庭美育，就是在朴素的创造中，让生活更美一点。

我们每个人都有自己的生活和角色，通过绘画滋养自己，用生活反哺艺术，唯有如此，才有可能带动孩子或周围的人变得敏锐起来，慢慢地喜欢上艺术，用绘画把自然、生活这些滋养我们的精神营养联结起来。

气韵生动——谢赫六法当中最重要的一个好艺术的标准，之所以进行到这个阶段才具体解释，就是不想让大家在完全没有技巧的时候觉得太虚幻，反倒在大家亲近艺术的路上树立起一个屏障。

东西方的艺术之间没有隔阂，康定斯基在《艺术家自我修养》里用的表达是：“除了技巧以外，我们要画出让自己感动的东西。”

让自己感动的，才可能有生动的气韵啊。

通过动手绘画更深入地了解艺术，这条路我当然也是从零开始的，曾经如饥似渴地画到万籁俱寂。夜深了，做什么？画画。

孩子睡了，世界安静了，觉得手边没有东西可画了，就跑到厨房去找模特，总要画点什么才安心。

万物皆可入画，厨房大概是绘画题材最丰富的地方了。最有烟火气的空间里，隐藏着无数随时可以上工的“超级模特”。

碗碟、蔬果、零食、厨房一角……取之不尽，用之不竭。

关于万物皆可入画，一定要看看齐白石，这位咱们非科班出身的优秀艺术家代表。

他画的内容，很多都是寻常事物，蔬果草虫而已。每一幅看上去临摹起来并不难，还是好多中国画老师选择的入门学习材料，但那么多人又无论如何都临不出那种气韵。那是天分之外长期观察及练习的

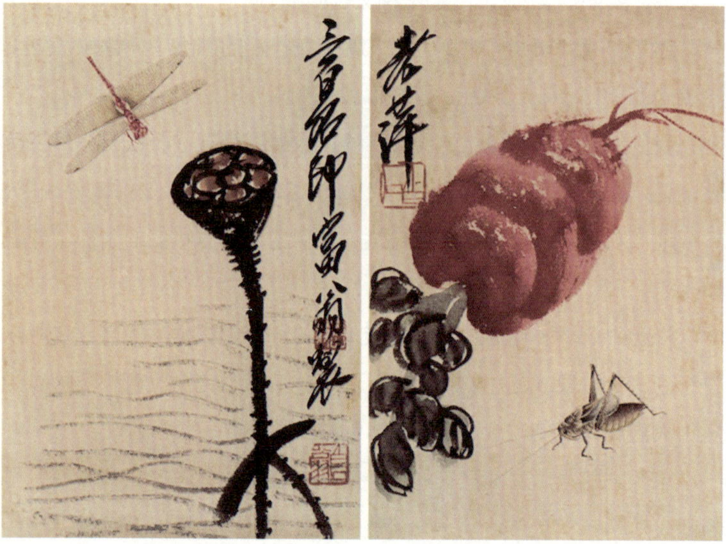

图 6.2-1 ◎ 齐白石《蔬果草虫》

结果，是天地间独一份的生命气韵。

关于他的趣闻逸事，也有多种版本流传。人们通常对于艺术家的故事如数家珍，对作品的各种评价也耳熟能详。然而，二手信息越多的艺术家，我们越要拨云见日地找个路径去亲近他，比如，读读他的自传，看看他自己写的文字。

读了齐白石的自传，我才真切地感受到，虽然晚年在画坛获得盛名，但自始至终他都是一个非常纯粹的艺术家，出行再远，也还是那个乡村里单纯地爱自然、爱人生、爱画画的少年。

齐白石对于自己所处的环境非常敏感，比如周围的草虫，比如他接触过的艺术形式，所以他画的东西非常地生动，让人感到万物有灵。

如果在临摹的时候只是希望画出同样的一根萝卜，那从一开始就错了。每一根萝卜的外形可以不同，但萝卜的灵魂是相通的啊。来自泥土的味道，应该就是一只萝卜的气韵了吧。

北京画院里有大量齐白石的作品收藏，时不时去看他的展览，就觉得人间万物在他笔下都那么有意趣。画院外面就是朝阳区密集的生活区，门里门外的生活如此相同又如此不同。被他的作品围绕着的时候，就觉得忙碌和凄惶都被挡在门外头，人世间的一切都是活泼泼的。

图 6.2-2 ◎ 齐白石《天牛》

我相信，他儿时一定就是那种盯着小虫子、看蚂蚁搬家看半天的小朋友。

曾经上课时讲到这里，有人说，要到厨房里去抓小老鼠、蟑螂之类的来画，我觉得也是可以的——如果能抓到的话。瞧，这只天牛就很是牛气冲天（见图 6.2-2）。我们热爱生活，才会观察它们，跟它们对话。

他的画是怎么卖的呢？中国画都是论平尺卖的。而他的画，如果里面有草虫，润格就不一样了。

齐白石晚年眼神不好，他那些有草虫的画便受到了质疑。后来大家才知道，他在年轻的时候画了些草虫，旁边空着，晚年再在边上添上其他的东西，构成一幅画。也是个很实际的经营家啊！再后来的草虫是他的三儿子画的，售价也因此水涨船高。因为赚钱之后也是要分的，父子俩偶尔还会有小矛盾。

在他的自传里，我看到了很多辛苦。从他的画开始卖钱之后，他

图 **6.2-3** ◎ 齐白石《丝瓜小蜂》

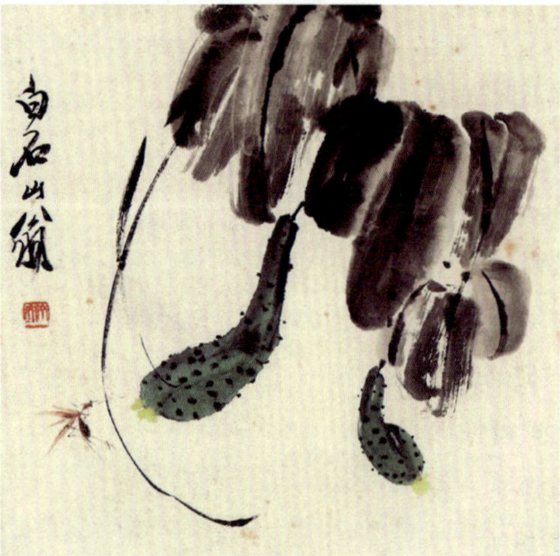

就靠卖画来养家糊口。家里人口又一直挺多的。有段时间，通货膨胀，他在家里画了一堆，结果卖了很多却只换回一袋米。

但是，我觉得他心里还是有巨大的幸福感的。虽然画画是生活所迫，但究竟还是因为喜欢。

这两根丝瓜，只有寥寥几笔，构图却很均衡。两根小瓜，几枝枯笔藤蔓，再加一只充满动感的小蜂，从画面中仿佛能感受到一片生机盎然的忙碌气氛。（见图 6.2-3）

我曾经在孩子的学校里带一些小朋友画水墨。我教了一些线条，但没有一笔一笔地用范画教大家怎么画。我希望的是大家自己去观察，按照自己的笔意去临。

有个小朋友，在外面上了中国画兴趣班，也来上我的课，她就说："老师，我会画虾。"她每次上课都乐此不疲地给同学表演，结果我们看到她画的所有的虾都是一样的，虾头、虾尾和须子，身体向一个方向歪过去，每一天画的虾都完全一个模式排排站，让她试着换个

图 **6.2-4** © 没有中国画基础的小朋友第一次临摹齐白石的作品

方向，就完全不会了。

而另一位从未学过中国画的小朋友第一次临摹齐白石，倒是别有一番生动的意趣。在我看来，这些看似不完美的表达远远比局限在那同一个方向上的虾壳要有意思得多。

学会了一个模式，自己表达的部分在这个阶段就已经被堵住了，何来气韵生动？

万物皆可入画。我们画的万物要和自己有联结，要真的看到万物——从万物中看到它们的性格，也观照到我们自己。

6.3 给自己第25个小时

艺术当然靠天分，但我们都太过于把目光聚焦在这里，从而也给自己找了借口——没有天分，就可以摊摊手，离得远远的。

其实，只有极少数艺术家是完全地“靠天吃饭”。除了天分和灵感，许多艺术家都付出了超出常人的努力，堪称工作狂、偏执狂。

当然，我们的目的不是成为职业艺术家。和自己比照，只要比第一天拿起笔时有进步，就没有荒废自己的时间。

在我刚刚开始学中国画的时候，认识了一位辞掉大公司的工作、从云南跑到北京拜师学中国画的女生，纯粹的零基础。她的未婚夫支持她用一年时间做她一直想做却没有做过的事情，两人准备她学完画就结婚。

刚开始，她画得真的不怎么样，而且因为背景和画画一点关系都没有，感觉很多内容她其实是没有完全听懂的。但她依然按照自己的步调坚持着，是很坚韧的一个人。一年后，有天再看她的画，突然惊愕，画得竟然可以这么好了！

从她身上，我越来越坚信，时间花在了哪里，哪里一定会有所不同。只要你一直在做这个事，一直在练习，就一定会有进步，哪怕步调很慢，但没有停下来就好。

也许，最终我们都没有办法成为职业的艺术家，毕竟我们的生活中还有其他逃不掉的任务和工作，但依然可以用持续不断的练习把我们的天分充分地挖掘出来。

关键在于，我们有没有一直在迭代，一直在升级——对艺术的认知在升级，说涅槃可能有点夸张，但我觉得大概是这个意思。

对于又要育儿又要工作、生活忙碌至极的各位妈妈来说，时间是最稀缺的资源。所谓给自己第25个小时，在于我们在所有的生活排序中如何提升绘画的优先级并创造性地运用时间！

参加第一期艺术研习营的妈妈“小麻团”全职上班，家有两个孩子，上班通勤单程需要一个半小时，可她还是每天挤出时间，早上上班前在小区里写生。如何做到的？大家都很惊讶。她说自己固定5:30起床，原来就是在楼下运动，现在是带着写生本和小板凳散步，结束后顺便写生。

至于其他的妈妈，有的调整了中午午餐的方式，留出半小时画画，当然，更多的是在孩子熟睡了之后，半夜“作案”。

在孩子睡着后，世界安静下来，在房子里各处晃荡，拿起一瓶醋，发现一瓶油，“模特”源源不断。

每个妈妈都有这样的体验：孩子睡着后，自己终于可以刷手机、追剧、网购、拿起想读却一直没时间读的书……那是时间被极尽占用之后的一种“报复性消耗”，无论做什么，只想要一点自己的时间，做一点自己喜欢的事……

但面对屏幕的很多娱乐是非常耗时的，网络上的信息随便看看，半小时就过去了，短暂的愉悦之后，会有时间荒废的空虚感。而画画这件事能够带来的是充盈感——不仅是享受成果，更是在画的过程中，慢下来，聚集精神，类似于打坐冥想的效果。我们大部分普通人没有这样的定力去通过打坐冥想来休息，绘画则是最适合的手段了吧。

如何获得多出的一个小时？

时间管理→精力管理→优先级管理。

近年来，关于时间管理的话题很流行，因为无论孩子大人，实在都太忙了。但更有效的其实是精力管理。我们都有这样的体验，即便时间安排在一件事情上，效率低的话也没用，但如果能集中精力，效率则完全不同。

但画画这件事的属性比较特别，投入多少时间、多少精力其实都不嫌多。我觉得，在我们讲求高效率的现代生活中，要学会优先级管理，见缝插针地做一点小练习。毕竟大家基本都没有特别大块的时间和精力可以做这件事。为了提升优先级，我其实撒了一个“善意的谎言”。

在试验课里，我用的题目是“每天练习 5 分钟”。对呢，每天 5 分钟，门槛不高，都可以做到。但一旦体验到了绘画的乐趣，很多妈妈交作业的时候都说：“不知不觉，一个小时就画过去了！”

是的，得到乐趣，时间会停滞，因为实在太享受了！

图 6.3-1 这幅小画是在一家韩国餐厅画的。吃饭的时候，我一直被窗外早春的风景吸引，吃完忍不住在笔记本的封底上画出来，颜料不全，还动用了一点冷面汤。虽然耽误了工作，但是心情无比愉悦，至今记忆犹新。

虽然目标是画出气韵生动的画，但最重要的还是过程。你不断临摹，不断写生，最终这些东西会为你所用，而在过程中能够获得乐趣是特别特别重要的。否则，这个没什么用的爱好真的很难坚持下去。

当你获得自由，状态放松了，并且在过程中了解了更多的艺术形

图 6.3-1 ◎ 戴亚楠　冷面馆窗外的风景

式，你对生活的感触就会越来越敏锐，画作的神韵便会自然而然地形成了。在这个过程中，如果过度紧张，学了一个技巧就一定要如何，思忖再三才下笔，或者太过纠结于这张画是不是没画好，那真的很难享受其中。

画好画不是一蹴而就的。在这个成长进步的过程中，你觉得很享受，才是最重要的。

不妨巧妙地调整时间，每天给自己第 25 个秘密小时，躲在这个时空里，享受艺术，享受自己与周围世界的秘密联结。

6.4 不可一日无画（6）

以上这六章的内容可以划归一个基础单元，基本上梳理了可以动手来画一切的简单技巧。在这一节做个简单的总结。

回顾初心：我们希望把艺术融入自己的生活以及跟孩子在一起的每个时刻；

展望未来：我们希望不断地画出气韵生动的作品；

临摹：跟先人学习，跟艺术家学习；

写生：向自然学习，向世界学习，向世间万物学习；

创作：画我们自己的画，画能感动自己的画。

要想从技法中获得自由，就要每天连续不断地练习。

理性的思考，比如构图，比如对线条的分析，这些都要有，但是在绘画的过程中，我更期待各位投入一个心流的状态中，画出自在的线条。

成为母亲不意味着就要放弃自己的生活，画画可以让我们的生命更丰富、更有温度。

每个人都有自己的节奏和路径，零基础的起点也并不相同，有人第一幅就有模有样，有人拿起笔线条颤抖。习画习得的是平衡、法度和自由。在每日的练习中，它们和平相处，不再争夺对你的控制。终有一天，你可以画自己的画、自己的感动。

在这一章的练习中，希望大家可以做个小复习，把在前面每个章节中学到的内容用自己的方式做一个回顾。绘画是一个循序渐进的过程，和游戏的升级通关不一样，每个议题都可以不断回头重新学习，并有无限空间去精进。

这个回顾很重要。你会发现，经过一段时间的练习以及对新的课题进行学习之后，自己对于前面内容的理解更有深度了。要肯定自己的每一点新的体会，记住，你是唯一的。

艺术从根本上看完全是个性化的，是“你的”，哪怕作为初学者，也要不断提醒自己这一点。

先盖住下面表格的最后一列，回忆一下每一章你记住了什么，再对照自己的写生本来看看。看完了，对照完了，有什么画画的想法，就去试一下吧！

表 6.4–1　章节内容回顾

章节	章节标题	章节内容
第一章	就从一根线条开始	线条作为基本绘画元素
第二章	用眼睛随时画画	看到 / 感受 / 随时可以练习
第三章	深情地凝视一朵花	学习进一步分析线条的功能
第四章	为自己读一首诗	画面的诗意 + 短线的灵活使用
第五章	你今天的样子	构图基本原则，细心经营
第六章	万物皆可入画	临摹、写生、创作，持续练习

我们要基于生活、视觉经验的输入和积累，理性地思考和经营，辛苦而愉快地劳作，把心中的意象表达出来。

获得自由，万物皆可入画。

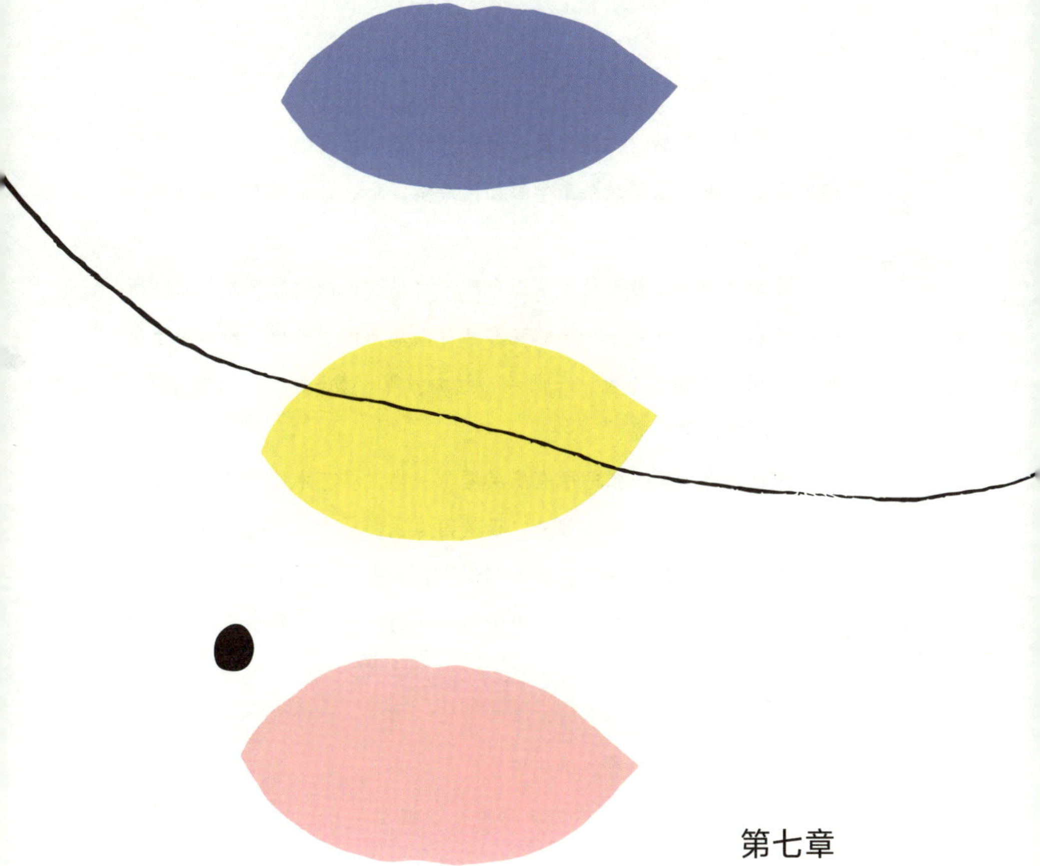

第七章

女人都是色彩大师

从第七章开始，我们就要一起进入色彩的世界啦！如果说前面的内容还是带着大家用线条来学习如何造型，那么，从现在开始就更好玩了！

开始之前，还是要给大家提个醒，这里讲到的内容可能和以往所有的色彩课都不一样——毕竟我们都可以毫不迟疑地脱口而出关于色彩的知识，比如三原色、三间色、红加绿等于黄……这些宇宙真理，哪里是可以颠覆的呢？

和这本书里所主张的所有底层理念一样，在艺术的学习中，我们每一个个体才是最核心的部分，正是因为我们，才有了这个色彩迷人的世界，而非相反。如何描摹和解读它，当然也可以各不相同。

在这一章里，发掘自己作为色彩大师的新角色，和孩子一样尽情地玩耍、表达、探索。

正式进入本章之前，请先给自己打个分。

如何评价自己对色彩的敏感度？请按照从0~10的分值，为自己打分。

0 □（完全不敏感）

1 □

2 □

3 □

4 □

5 □

6 □

7 □

8 □

9 □

10 □（敏感度超高）

“我的敏感度超过这个范围。”□

也问问你的家人和朋友，对比一下你们的答案。

这一章相关练习需要的材料清单

◎颜彩 / 水彩，任何品牌的均可

◎毛笔，品质中上的中、小白云即可

◎本子，可以选择普通速写本，纸略厚、吸水即可

◎调色盘，普通白盘子即可

◎笔洗，盛水容器，可随意

7.1 关于颜色，你知道的都错了

我曾经在送孩子上学的路上，和他们分享这一节的内容，两个孩子大呼："不可能！"

让他们惊呼的正是我试图分享的关于色彩的本质，"其实，色彩根本是不存在的……"

是的，如果没有光，色彩就是不存在的。孩子们反驳我说，没有光，还有黑色。

不是的，没有光就没有色彩，甚至黑色也是不存在的。

人体是个奇妙的系统，因为某种细微的差别（加上经验的积累），每个个体对于色彩的解读/喜好都不相同，想想看，这是多么激动人心的被忽略的发现！你可以不同，你本来就不同！

可是，在越来越复杂的人类社会里，颜色已经被过度解释了。

我们常常可以看到，所谓打着心理学名义的色彩体系之类，把人的性格按照红、黄、蓝、绿等来简单粗暴地进行分类。

比如，当我们提到一个人的性格时，会说这个人的性格就是这个颜色的，但其实这个人还有很多其他的东西，比如言谈举止等。这种说法简单粗暴，易于传播和"收割韭菜"，但是低估了他人的智商，注定不能长久存在。

颜色不可以被简单粗暴地解读，比如我提到过，有人极其刻板地应用教育理念，说黑色是不能用在低龄孩子身上的，喜欢黑色就是心理出现了问题……这些都太绝对了。

和孩子一样，我们的五感也是打通的，这些都是我们基因里本来的东西与人生中各种体验的微妙混合，对于一个人，你可能不记得模样，却记得他身上的淡淡味道；或是一个地方，很久前匆匆路过，没有印象，却总是记得它窗前那一大丛红色的花朵……只是我们太忙了，忙到忽略了这些体验。

住在北京乡下的时候，我必须早起送孩子上学，全年无休，可这也是有回报的。回报就是，可以看到不同时节的日出。我从未想到，大自然真的有如此强大的力量。

在北方的冬天，7 点前出门是一个巨大的挑战。有一天，缩在前座的哥哥看着车窗外树林上方红色的天空说："不知道为什么，想到了非洲大草原。"他轻轻地哼起一段音乐，竟然和情境相当地贴合。因为音乐储备有限，他又慢慢地转到一段放慢了节奏的桑巴风的世界杯主题曲。

转过一个路口，漫天朝霞在前方等着我们。弟弟也加入了合唱，在后座上摇摆着。从一抹颜色开始，到一个美妙的早晨，让人慨叹，每一天都值得这样庆祝。

我想，这才是对颜色的正确解读——它调动我们的情绪和感情，让人情不自禁地舞蹈和歌唱。

关于色彩的理论绝不仅仅局限于装帧精美的色彩套卡上那些被分割过的复杂的小小色块之上。颜色面积的大小、呈现的介质以及与我们互动的时间、具体的情境……都会影响到我们对它的反应。

在绘画学习中，色彩的学习当然必不可少。这本书后面章节中

图 7.1-1 ◎ 在一土彩墨工作坊自由创作

提到的关于色彩技巧的练习可能在其他地方也能看到，但是一个最根本的不同在于，我一直想要告诉大家，每个人都有解读色彩独一无二的角度，我们要从色彩恒常的束缚中跳脱出来，去看世界，去绘画。

因为无论是学习艺术还是学习绘画、学习色彩，根本目的都只有一个——帮助你获得自由。

假设你在此之前从未学过关于色彩的任何内容，也并不需要有压力，正如这一章的题目所言，女人本来就是色彩大师，你本来就很有天赋！

这本书关于色彩的几个章节，除了推荐一些基本练习，我更希望和大家一起梳理思路，从本质来了解颜色。我们可以带着以下问题来一起探索：

◎颜色真的存在吗？天为什么是蓝的？眼见为实吗？

◎为什么在呈现同一片景色时，每个人运用的颜色不同？

◎色彩是一门科学？艺术？物理？心理学？还是色彩学？

在这一节，假设大家已经接触过最基本的色彩理论，下面几段内容帮大家快速简单地回顾一下：

1. 我们看到的颜色是什么？

颜色是我们看到的物体表面对于光的反射，不同波长的光被我们的视网膜和大脑看（解读）成不同的颜色。光照到不同物体表面，它们反射出不同波长的光，也就是我们以为的那个物体的颜色。

高纯度的色彩经常为小朋友们所用。

图 7.1-2 ◎ 悠然自画像

2. 三原色和三间色

红、黄、蓝是我们所说的三原色，从理论上来说，只用这三种颜色，艺术家就可以混合出其他所有颜色。

当艺术家把三原色的颜料混合之后，可以得到我们所说的三间色：

◎红 + 蓝 = 紫

◎红 + 黄 = 橙

◎蓝 + 黄 = 绿

三间色和相邻的颜色混合下去，我们可以逐渐完成一个色环，按照相同的规律继续混合，色环的颜色会越来越丰富。我们今天看到的所有在印刷、装修当中使用的参考色卡，都是基于这个混合的逻辑。

在本章的练习里，我们可以自己尝试做一个色环来体验颜色是什么。

3. 冷色和暖色

暖色——红、黄、橙……与火和太阳相关的颜色，视觉上有扩张感。

冷色——蓝、蓝绿、绿……让人联想到冰与海的颜色，视觉上有收缩感。

冷色和暖色相邻的时候，会更加突出彼此，造成视觉冲突。

等等，这些不是小学生都知道的常识吗？为什么还要再讲一遍？因为在学习这些理论的时候，我们常常忽略了材料、艺术家等这些变量因素。比如，在我带孩子去试听过的一个艺术课里面，老师就很想把“红 + 黄 + 蓝 = 黑”这个关于色彩的概念传递给孩子，可是用到的材料却无论如何也混合不出黑色，只是一种无限接近黑色的深赭石色。大人孩子都累得满头大汗，试验也没有成功。

这其实谁也不怪，怪的是我们在学习艺术的过程里，高度追求绝对正确的结果。在学习颜色的过程里，不妨一直保有试验精神，对于每一次色彩的调试，可以遵循一点学到的色彩理论，但更多的则是探索自己的玩耍之道，因为这样才有意思啊！

7.2 艺术？科学？

提到艺术家，我们最喜欢用天马行空这个词来形容，而人们对科学家的固有印象则是逻辑严谨。科学和艺术是人类智识发展的两座高峰，但我们在学科细分的时代背景下越来越喜欢把它们割裂开来，造成大师难出的局面。

艺术和科学从未分离，从洞穴石壁到电脑屏幕，每个时代的艺术都和当时的科技发展水平密切相关。从材料的角度来看，原始人没有纸，没有画布，当然只能用天然材料在岩壁上作画，而中国人较早掌握了造纸、制绢的技术，自然可以画在绢和宣纸上。印象派作为传统的反叛者横空出世，首次将绘画从室内搬到室外，正是因为有了可以在户外使用的颜料。

再从技法角度看，解剖学的发展，对人体构造的深入理解，造就了米开朗琪罗、达·芬奇的惊世之作；当人类对颜色有了更为透彻的认识，印象派所追求的就不仅仅是重现现实，而是追逐光影，为他们加持的则是光学的发展。比如大家耳熟能详的莫奈，能够根据同一场景画十几、几十幅画，呈现出不同时间、不同光线下的色彩变化。甚至还有更极端的点彩技法，是一种近乎科学实验的创作形式。

所以，当任何致敬大师的艺术课出现的时候，我们都应该知道，虽然只有大师们沉淀下来、在艺术史上留了名，但在他们的身后，还有许多同时代的艺术家和支持者，前仆后继的、知名或不知名的探寻者。就像丹纳在《艺术哲学》里说的那样，他们呈现的是那个时代的声音。

讲到这里，不得不提到色环的发明。我们现在几乎在每个画材商店和美术教室都能看到的色环，是如何出现的呢？17 世纪末期，牛顿用三棱镜把太阳光分解成不同波长，呈现出不同的颜色，随后，他把光谱的颜色定义为紫 / 靛 / 蓝 / 绿 / 黄 / 橙 / 红，也就是小朋友都耳熟能详的“七色光”。

依照这七种颜色在光谱及彩虹中出现的次序，将它们排列在一个闭合的圆圈上，这就是色环的起源。

色环在生活中的很多地方都可以见到，而且有各种各样比牛顿色环更加丰富的色环 / 色谱。

只有简单的七种颜色的色环后来是如何发展成更为复杂的形态的呢？回想一下上一节我们讲过的三原色、三间色以及色环如何形成和扩展。

理论上，所有的颜色都是可以调制出来的。所以，可以把它理解为，从三原色开始，相邻的颜色开始调和，出现了三间色，色环上的颜色继续和相邻的颜色进行调和，出现了更多的颜色，以此类推。

理论上，只要能够精确控制调和的不同比例，就可以无限进行下去，呈现出差距越来越细微的色彩。而现在借助电脑，已经可以实现无限的色彩，这就是我们在买油漆、印刷品、化妆品时以及在色彩心理学等各种领域中看到的越来越繁杂的色环。

据说，很多大师都会在画画的时候把色环放在旁边作为参考，比如德拉克洛瓦。我们也可以向大师学习，自己制作色环挂在近前，毕竟“纸上得来终觉浅”，只有自己制作了，才会对色环的由来理解得更深刻。本章的“不可一日无画”一节中就详细介绍了制作色环的过程。

颜料的话，推荐大家使用颜彩，因为它用起来的感受介于中国画颜料和水彩之间，比中国画颜料用起来更简单，比水彩更浑厚，干的速度很快，有点像水粉，练习画画时不会因为水太多而需要等待，我的个人体验是它对初学者相对比较友好。

色彩是艺术还是科学？这个问题到了今天，依然有更多需要了解的内容。

处在今天的世界，我们看到的越来越多的色彩其实是来自屏幕的。越来越多的艺术以数字的方式呈现，也就是将屏幕作为艺术家创作的载体，新媒体艺术方兴未艾。对于屏幕这个新的艺术材料，我们也要了解它的特性，比如屏幕对于色彩的呈现方式。

你知道电脑屏幕的颜色显示也是利用的三原色原理吗？但是，因为颜色是通过显示器发出的光来呈现，而不是通过颜料来呈现，所以屏幕显示的三原色是不同的，是红、绿、蓝混合出来的各种不同的颜色。

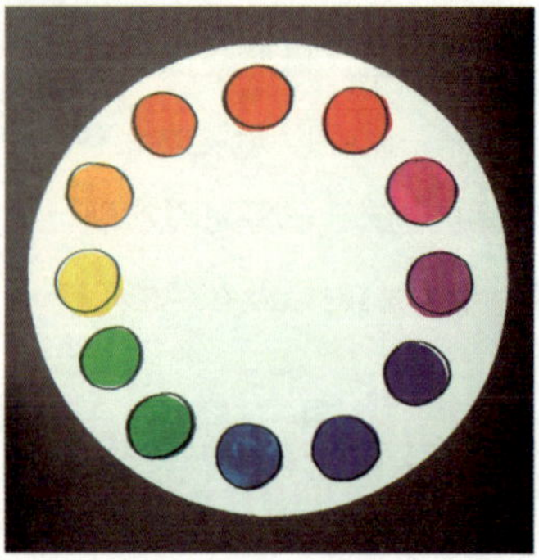
图 7.2-1 ◎ 色环

画家还需要知道一件很重要的事，就是使用互补色（在色环上彼此位置相对的颜色，如红—绿，蓝—橙，黄—紫）。互补色同时出现会使两种颜色看起来更亮、更强烈和刺激，它们似乎在震动，要从画面中弹出来。

中国新生代艺术家王光乐的《双色》系列，每一幅作品都是在两种颜料的融合中逐渐完成的，艺术家没有人为地干预，甚至微尘细屑都是作品的一部分。两种颜色互相缓慢地注入、融合，你中有我、我中有你，完成颜色本来的表达。

受过长期专业训练的艺术家似乎在追求“放弃对颜色的控制”，而我们普通人在生活中则几乎无时无刻不在受到颜色的影响，哪怕是在新媒体艺术领域，也是如此。对于色彩原理的掌握和运用能够某种程度上控制观者对作品、对世界的解读。就像传统的架上艺术[①]使用了各种手段来营造一种空间错觉，色彩是艺术里最有力的表现手段之一。不仅如此，在生活中，色彩也时时刻刻在塑造着我们的心理和社会状态。

关于色彩，我们需要知道：

◎光线能够影响色彩变化。比如，有些颜色搭配会产生错位感/膨胀感。

◎大脑如何解读颜色信号，仍是个未解之谜。

◎色彩之间会相互影响，比如对比色/互补色。

◎制造商发展出了一套更复杂的色彩分类系统。

◎……

这场艺术和科学“合谋”的探索还远远没有终结。而今加入了更多技术上、商业上不同维度的力量的推动，艺术家、普通人在其中该何去何从？下一节我们将继续探讨。

---

① “架上艺术”一词是从俄文翻译而来，表示独立的、可以移动的、不依附于其他物体而存在的艺术，一般指绘画和雕塑等传统艺术。——编者注

7.3 女人都是色彩大师

前面讲了那么多关于色彩的科学原理，而对每个身处其中的个体来说，成为好的艺术家，回到根本就是——找到你这个个体对于色彩的唯一解读方式，抵抗外界的纷扰，保持和提高自己对于色彩的敏锐度。

你要做的只有一件事：从色彩恒常的束缚中跳脱出来去看世界。

我一直讲，学习绘画最核心的是学会“看”，而在学习色彩的过程中，最大的障碍是“色彩恒常性”。对于一个事物，我们有很多根深蒂固的概念，比如画一个头应该是圆的，而给天空涂色应该选择蓝的。

这个“天空应该是蓝的”，就是所谓色彩恒常性，即被概念化的色彩。

此刻，请你抬头看看天空，是蓝色的吗？是什么样的蓝色？在天空中，你还看到了什么颜色？

天气不好或有污染的话，可能是灰的，甚至是灰白、浑浊或者“没有颜色”的；早晚的时候如果有朝霞和夕阳，就会是一点瞬息万变的红、橙、紫、蓝……混杂在一起，无法用言语准确描述。

为什么我们每天都能看到天空，却总容易被概念化的色彩束缚？

大概有生活和文化两个方面的原因。

来自生活的影响元素有哪些呢？比如从小开始的各种涂色本/儿童画临摹模板都在不断增加色彩恒常感。父母和老师不自觉的指点也会增加我们的色彩恒常感，比如树是绿的/天是蓝的/花是红的/树枝不是紫的。而今天我们也偶尔会不自觉地把这些概念化的色彩解读传达给孩子，比如想当然地认为孩子们喜欢鲜艳的颜色，而这些自然就会成为孩子成长环境中的色彩基调，比如幼儿园和儿童房的装修装饰。

来自文化环境的影响元素也有很多。我们从文化/环境中获得的是众所周知的物体的色彩。比如过度给某个颜色以某种定义，或是在不同文化情境下对色彩的使用。而这些扼杀了我们对环境中丰富色彩的敏锐感受。也就是这些不自觉的文化元素设定了机制，阻碍我们接收视网膜所捕捉的色彩，提前规定了它们代表的意义，比如我们认为红色就是喜庆的。

从色彩恒常性的影响中跳脱出来，我们可以试着从以下几个角度来了解色彩：

色彩是很实用的，她不是为了取悦人类的眼睛而存在的。自然界中的每一种色彩历经演化都有其目的。比如树叶的色彩变化，完全应对了不同生命阶段的状态；比如动物的颜色变化，更多是为了活命甚至逃命。

我们天生的对色彩解读的机制其实是很敏锐的，我常在研习营的课上说，想想看，我们每个人是多么了不起的、多么精密的解读色彩的设计师啊！但商业世界里，对于色彩概念化的、泛滥的解读钝化了我们对色彩的本能原始反应。也就是说，这部分的功能被太多的看上去很高级的理念代替了。

图 7.3-1 © 戴亚楠　田园

图 7.3-2 ◎ 戴亚楠　庭院紫藤

你看到的和我看到的是不一样的。色彩是一种纯粹的主观经验，取决于三个要素：光、物体、观者。很多人在画画的时候将努力的方向放在“调出和实物一模一样的颜色”上，这本身就是不可能的，你调出的最多是和你看到的接近的颜色。而症结在于，你是否真的“看到”。在不同光线下，同一个物体的颜色是不同的，不同的人在同一时间看同一个物体，解析出的颜色也是不同的。

最重要的是，作为观者你要做好自己的工作，深入地观察，真正地看到、感受到。

对于初学者，通常的艺术课是示范一下材料如何使用，让他们可以比较快地画个什么出来，从而极易产生满足感。但对我而言，这不是学艺术，仅仅是学习使用工具。通过这种学习可以画出画儿来，但画不出自己，因为根本没“看到”。这样的教学贬低了我们作为画者、学习者拥有的高级智慧，说白了就是，把我们当成大芬村[1]行画的画工了，拜托，那根本不是努力的方向好吧！

冯小R是一位特别喜欢提问和分享的妈妈，她说：“我发现自己是凭经验来画的，比如我画了一幅就知道天空该怎样画，就有经验了。但凭经验来画就有点画不好。亚楠老师画画是她自己放松的方式，如果我们都能在画画的过程中去全然地感受和体验，就会很满足。”

“看到”需要时间，把自己全然投入眼前的画面里，获得心流的满足感，画作只是副产品。如果你投注了自己的生命，和画的对象在交流，像恋爱中的关系一样，没有对自己技巧的不满意（练习的时候当然是有理智的），这幅画很难不生动。

这一节讲到妈妈都是色彩大师，这话不是吹捧。我们在生活中已经在有意无意地尝试很多颜色敏感度的练习，比如家居装饰，比如每天的装扮，比如化妆，尤其是口红。

在下一节的色彩敏感度练习中，我们就通过设计一套属于自己的口红色卡来挖掘一下自己的色彩敏感度。试想，这个作业要是留给男学员，还不挠破头皮做不出来？而想想看，这不过是很多妈妈的日常。

我始终认为，自然是一个特别重要的主题。因为忙碌的城市生活，我们已经割裂了与自然的联结。其实，我分享的所有关于艺术、关于美的话题，“自然”都有答案。关于生命教育、关于信仰、关于美、关于艺术，“自然”这本大教科书，一直摊开在我们面前，毫无保留。

---

① 大芬村位于深圳，被誉为“中国油画第一村”，是全国最大的商品油画生产、交易基地，也是全球重要的油画交易集散地。——编者注

著名的日本风景画画家东山魁夷，他的文字给我们带来的启发更多。在《听泉》这本散文集里，他说："在所谓无常的宿命论中，产生了我们的一切。现在的我们不就会产生一种与自然共同生存的连带感吗？这时，人与自然的沟通就一定能产生爱和美。"

如果你已经听了太多关于色彩的道理，不如就去自然里深切地关注一朵花、一片叶和一棵草。给自己 5 分钟和她们对话，你会发现，你已经获得了答案。那些平日忽略掉的叶脉，那些角落里微微卷曲的枯叶，还有散落的三两虫洞，它们的颜色都有无穷无尽的曼妙变化。

当你真的看到了色彩的微妙变化的时候，再来学习一点技巧，进步会是天翻地覆的，反之则未必有这么好的效果。

你，很重要。深刻地明白这个道理，才能把自己练成"大师"体质。

7.4 不可一日无画（7）

这些所谓色彩的理论，研究解释的都是色彩的本质和人的解读机制。至于在绘画中和生活中如何使用搭配，就完全看个人的喜好和经验了。所以，关于色彩的学习，必须自己多试、多体验，不同的材料呈现的效果也是各不相同的。

这一章有三个练习建议大家一定要去体验。

练习 1：从生活中发现色彩

虽然我们都有随手用手机拍摄照片的习惯，但你是否有意识地去拍摄颜色呢？

除了先勾勒造型然后涂色的方式，大家还可以直接画色彩。比如

图 7.4-1 ◎ 小女孩衣橱里的色彩

打开衣橱的门，看到了什么颜色就直接画出来。画完之后很多人会感到惊讶，自己竟然有这么多种颜色的衣服！

这些来自生活的练习都可以让我们对于自己的色彩偏好有一个更客观的了解，然后决定是去突破一下自己的舒适圈，还是在既有的色彩偏好里继续探索。了解你自己！

练习 2：制作色环

在家制作一个色环，并即兴创作，玩色彩。

材料准备：

◎水溶性颜料，如水彩、颜彩、水粉都可以，品牌不限；

◎笔刷，如水彩笔刷，中白云、小白云都可以；

◎纸，普通水彩纸即可；

◎调色盘，白瓷盘即可；

◎笔洗，干净、可盛水的玻璃瓶即可；

◎厨房纸巾，吸水性好的纸巾或小毛巾皆可；

◎其他材料，如防水的勾线笔等。

步骤 1：笔刷蘸水之后，分别取三原色红、黄、蓝画在纸上。

图 7.4-2 ◎ 色环 1

步骤 2：将三原色和相邻颜色融合，产生三间色——橙、绿、紫。

图 7.4-3 ◎ 色环 2

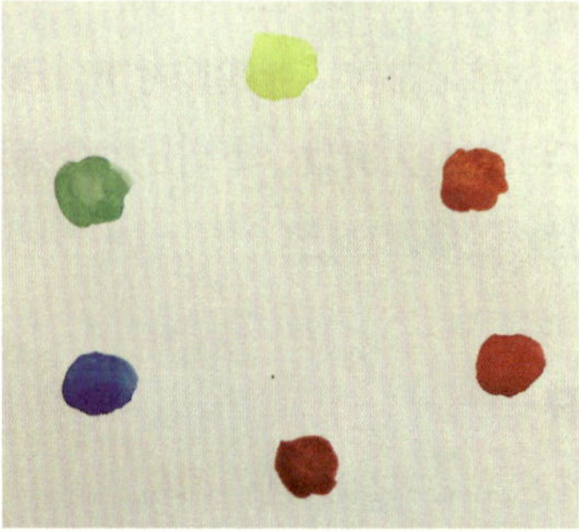

步骤 3：同理，继续混合，得到更丰富的色彩。

图 7.4-4 ◎ 色环 3

步骤 4：可以制成标准的色环，也可以依形状、大小、颜色不同的痕迹，稍干之后自由创作。比如，可以用防水勾线笔依形状进行创作，也可以在色点之外添加桃心、星星等形状形成具有装饰性的图案，随你所愿！

练习 3：设计自己的口红色卡

每个女人都是色彩大师，我们对于色彩的敏感是天生的，要不怎么可能区分如此纷繁复杂的口红颜色呢？

这个设计口红色卡的练习在我过往的课程中十分受欢迎。你会发现，自己原来早就在生活里深入研习了精密的色彩分类。每次看到大家的设计，我都会心一笑——先生买的礼物，自己的第一支口红，一直想尝试却有点没信心的颜色……很多记忆会浮现在眼前。

步骤 1：色卡的形式，可以是只有颜色的呈现，也建议大家把包装同步设计了，可以参考身边或网上的产品，或干脆自己创作一个。不少于 12 个颜色。

步骤 2：可以从身边的自然、生活中汲取灵感。比如这个色系是否有一个主题？是非常相近的颜色，只有细微差别的口红，还是一组对比鲜明的颜色，夸张的口红？你是设计师，你说了算！

图 **7.4-5** ◎ 打卡作业之自制口红色卡

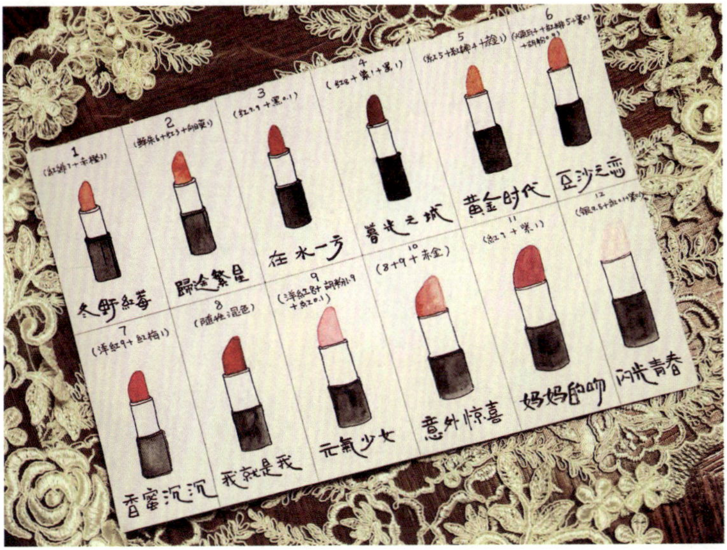

步骤 3：自由调试颜色。可以在纸上先试试，不同的浓淡干湿，有什么不同的效果，选择最理想的效果涂在成品上。

步骤 4：为每一种颜色取一个名字，有说明文字更好，比如灵感的来源，是否有什么故事，承载了什么情绪。

步骤 5：完成啦！可以分享在朋友圈，给朋友看，看看大家有什么反应！如果觉得有意思，不妨继续进行下去！

第八章

给记忆涂上颜色

在这一章里，我继续试图简单地解释一下，在绘画当中关于色彩的基本属性：色相、明度、彩度。在日常我们用的手机相机的美颜功能里，或是不同版本的简易修图软件里，其实都用得到这几个属性。那些“怀旧”“清新”之类的滤镜，其实就是这几个属性不同参数的组合而已。

每个人都有自己偏好的色彩，只是我们自己浑然不觉。这一章里给大家介绍一个色彩宣言练习，通过分析和练习，找到自己天然亲近的色彩模式。

这一章会介绍一个撒手锏——色彩模式网格，这个超级实用的工具让我们在面对艺术作品和图片的时候可以更仔细地分析，进而把对色彩的分析和学习应用在自己的创作中，堪称终身受用。

给记忆涂上颜色也是值得大家试一试的练习游戏。在我们小时候，照相馆里还有给老照片涂色的功能——把黑白老照片涂得唇红齿白，长辈们年轻的形象就这样展现出来，倒有别样情致在其中。那么，如果今天要我们来给记忆涂上颜色，又会是怎样的怀旧组合呢？

8.1 色彩的三个属性

看完这个小节之后，不妨打开手机里任何一个带有修图功能的软件，想想看，那些不同的色彩模式组合，大致对三个基本属性都做了哪些调整。我们一直说提升色彩敏感度，大概就是能够识别出这几个元素发生了哪些变化。

当然，了解了色彩的三个属性之后，也不妨在评价和谈论一幅作品、一个颜色的时候适当运用它们，更准确地表达自己。

色彩的属性 1：色相

色相，艺术、设计里的一个专业名词，其实跟我们的生活很贴近，如在买油漆、墙纸、车、口红时会问“这是什么颜色”，也就是给一个颜色命名。

同一种颜色在不同地方被界定的名称也不同。不管学名还是民间的称呼，每种色彩都会有一个名字，但用这样的一个名字来辨别它的色相，其实没有太大意义，这仅是一个心理层面上的描述。

色相就是指一种色彩最根本的颜色，也就是基于一个色环来看，它大概是居于哪个部位的颜色。比如图 8.1–1 中这个手机图片处理软件的截图，可以直观地显示出来某个颜色大致在哪个位置。

图 8.1-1 ◎ 手机图片处理软件里的色环

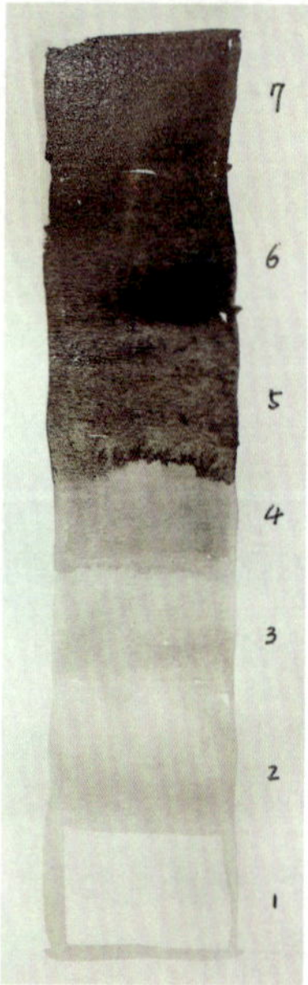

图 8.1-2 ◎ 自制水墨明度标尺

色彩的属性 2：明度

明度，就是明暗度，也就是从白到黑、深深浅浅是怎么样的。例如，如果用从白到黑的明度来衡量，红紫色的明暗程度属于哪一级？这里放了一个 7 级的明度图，你也可以用 10 级甚至更多等级的明度图。明度不同，呈现的色彩不同。

艺术家肖进有一批用彩铅和铅笔画的风景，画面很有层次感，很多画画的人都对画面的细腻赞不绝口。那么，如何塑造出丰富的层次感呢？她说，在使用绿色的彩铅前，先用铅笔画了一层，这样彩铅下面就有了不同的明暗度。在已经有了明暗度的底色上，再加上彩铅，就会产生层次感。

从右边（见图 8.1–3）草地的部分来看，如果从色彩属性上来分析，绿色是它的色相，铅笔在底层深深浅浅地涂抹出不同的明度，然后将绿色呈现出深浅不同的效果。

这里用铅笔画出明度，也是有点借鉴中国画染色的方法，即先用淡墨分染和渲染，把想要强调的深浅画一层。墨色不同，于墨色上再涂上颜色，这样呈现出来的效果也会是不同的。

图 8.1–3 ◎ 肖进作品

色彩的属性 3： 彩度

彩度，也就是颜色的纯度，或者说饱和度，从色环上最鲜艳、最纯的颜色到最暗浊的颜色。以下两张对比图片（见图 8.1–4）是我在苹果手机的修图功能里，给同一张色环的照片饱和度分别调整到 –100 和 100 时的效果，可以看到，在饱和度为 –100 的时候会完全看不到颜色，只有灰度的效果，而在 100 的时候颜色则十分鲜艳。大致上，这就是我们肉眼对饱和度的感觉。

不管是孩子，还是大多数初学的成年人，刚开始的时候，都不太会调色，也不太会把不同颜色组合在一起。比如，我们看到一种颜色，当我们想把它呈现出来时，如何在众多颜色中取舍、配比、定量，这需要大家有一个自己的判断。

每一个人看到的色彩都是不一样的，每一个人对颜色的熟悉度也不一样，只有尽量去使用、练习，才可能把色相、明度、彩度这些概

饱和度为 -100

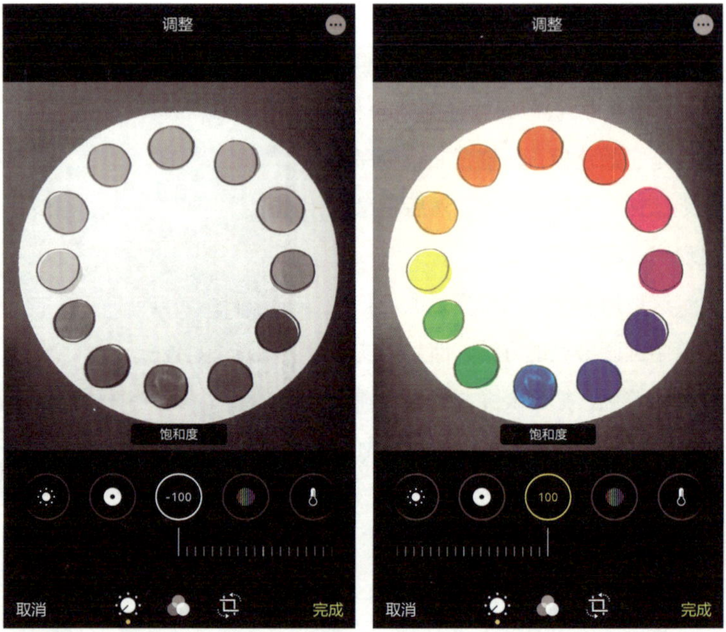

饱和度为 100

图 8.1-4 ◎ 同一图片饱和度为 -100 和 100 的对比

念融会贯通。

一位艺术家最后呈现的颜色，跟他的眼睛构造、接收到的波长是有关系的，而且每个人都一定是不一样的。不同的是，艺术家会比普通人花更多的时间、想更多的方式，用颜色将自己所感受到的表达出来。

相比之下，普通人没有那么多机会去了解，面对色彩，自己跟其他人有什么不同。一旦你自己很透彻、很真实地表达出来之后，就会有自己的风格。诚实地面对自己，才可能让更多的人接受。

希望了解了色彩的这三个基本属性，能帮助大家更好地看到色彩、分析色彩，而非像机器一样去辨识。即使能像软件一样精确地分析出每个色彩的属性，也未必能画出一幅好画。说到底，大致明白了色彩的道理之后，还是要让自己敏感而灵活地面对和使用色彩。

在画的时候，没有必要把自己的眼睛变成分析器，去精确分辨这三个属性。只需要知道它们的概念，不断练习，然后逐渐找到让自己舒服的颜色。比如，高级灰和莫兰迪色，这种饱和度没有那么高的颜色，能让现代人产生一种高级的感觉。很多的家居设计就是打着莫兰迪色的旗号大行其道。

8.2 我的色彩宣言

先来回答一个小问题：

你知道自己最喜欢/最不喜欢的颜色是什么吗？

A. 知道

B. 不确定

C. 好像会变的

没有一个标准答案，因为每个人都是如此独一无二的啊！

上一节说到，有一定灰度的色彩让人觉得挺高级，难道饱和度高的、鲜艳的颜色就不高级吗？其实也未必。我有一位早年在外企工作的朋友，平时的着装都挺莫兰迪、高级灰的，看起来很优雅。但她永远会说自己不懂艺术、没有品位。她说，这样的穿衣风格源于入职时的着装培训，有身上不能超过三种颜色、要如何搭配之类的要求。但其实她并不享受其中，因为她最喜欢的还是大红大绿、粉的黄的，只要有机会独处，就一定尽可能穿成“幼儿园小朋友”风。

插播一下，纯度过高、极其鲜艳的颜色其实是不应该给孩子用的。早年和一位设计师在讨论幼儿园的设计的过程中，他就提到，最好用自然中的颜色，比如深浅不同的木色，或是不那么对比强烈的色系来搭配自然中的色彩，如白、米、灰、深蓝等。

回到正题，后来，我随机做过一点调查，还真有好几个朋友是这样的，因为职业的关系披上了严谨严肃的外壳，在着装上被迫做了一些调整，但内心并不是欢喜的。每个人真的很不一样呢！比如我就完全不喜欢鲜艳的颜色，打开衣柜几乎都是黑和灰，这不是被迫的，而是个人主动的选择，偶尔穿得稍微红一点，就如坐针毡。当然，随着年龄的增长，多点色彩也是可以接受得了。

在我看来，高级的颜色没有唯一的标准，衣服也好、绘画也好，时代、材质、绘画材料不同，自然就有不同的呈现。

比如，艺术家安迪·沃霍尔的丝网印刷画和插画，它们的饱和度非常高，从明度上看很亮，从彩度上看纯度特别高，但它们看着也很漂亮，也形成了自己极为鲜明的风格。

图 8.2-1 ◎ 悠然在尝试安迪 · 沃霍尔的色彩模式

图 8.2-2 ◎ 敦煌壁画局部

在芝加哥生活的时候，离我住处不远的地方就有一个墨西哥美术馆，一进门我就总被艳丽的色彩震撼到，简直太美了！在印度旅行的时候，我发现除了浓郁的咖喱味就是满眼的纱丽，哪里有所谓素雅的颜色？可是，在那个环境和氛围中，我就觉得那是最正确的色彩。

马克·罗斯科用大面积的色块作为艺术语言，画面极具冲击力，在华盛顿国家艺廊的一间展厅里，四面挂满了他的作品，当你放空自己去单纯地接收色彩带来的能量，会感觉整个空间充满了魔力。

无论我们是受了生活的还是文化 / 环境的影响，都应该了解，没有一种颜色比另一种更高级，关键在于如何将其应用在合适的地方。既然已经开始学画，不妨给自己一个机会去探寻自己和颜色的关系，发现自己的色彩模式。

在这个学画的模式里，我们画身边的生活与万物，要学一点关于色彩的知识层面上的内容。

要把色彩用好，首先要“看到”色彩，跳出恒常性，把概念化的东西抛掉，将色彩识别出来。而在用的时候，则需要用玩的心态来面对色彩。看到—识别—玩颜色—了解自己，才能渐入佳境。

如何了解自己？我们需要知道一个概念：主观色彩。

并不是像颜料店所标注的那样，某种色彩明确地对应某个名字，我们在不同的基点上来创作的时候，每个人都可以用自己的方式画出自己的色彩。

每位艺术家都有自己的调色方法，学习色彩最好的方法就是自己动手调色，而不是把色环掌握得特别精准。你看到一个物体，分析了它的色相、明度，再用自己的感觉把它调出来，就会对手中的颜料越来越熟悉，知道何时加水、加白或是运用别的处理方法，假以时日，你也会找到自己最喜欢的方法。（必须要练习啊！）

康定斯基说，面对艺术作品的时候，颜色会让人产生生理和心理两种反应：

“生理反应：眼睛被色彩之美和色彩的其他性质迷住，感到满足和喜悦，就像嘴里含着可口的食物……

“心理反应：端详这些颜色，色彩的心理影响力变得非常明显，让灵魂为之颤动……”

瞧瞧，就是这么神奇！

当然，不同的人面对同一幅作品、同一个颜色，生理和心理的反应可能是完全不同的，就像对于可口的食物，每个人的定义都完全不同一样。

不过，要分析一个画家的色彩偏好，除了欣赏他的作品，还可以观察他的调色盘。

图 8.2-3-1 ◎ 凡·高的调色盘

图 8.2-3-2 ◎ 凡·高《花瓶里的十二朵向日葵》

先来看荷兰阿姆斯特丹凡·高美术馆里展出的一块据称是凡·高的调色盘，第一眼看去，似乎看不到任何典型的凡·高色彩，和传说中凡·高直接在画面上使用大量黄色的习惯并不相符。

很多人努力去探寻凡·高调色盘上留下的秘密，数来数去，发现一共有 14 种颜色，而和几乎所有的印象派画家一样，凡·高是不用黑色的。和他的人生故事一样，天才总是神秘的，还有很多谜团留待我们继续去解开。

另一位印象派画家德加的调色盘很符合作品给人的印象，瞧，将他的调色盘和代表作《舞蹈课》并排放置，就仿佛是更加抽象一些的德加风格的绘画。

夏加尔的作品游离在诸多绘画流派之外，自成一派，他的超然与

图 8.2-4-1 ◎ 德加的调色盘

图 8.2-4-2 ◎ 德加《舞蹈课》

魔幻让许多傲慢的艺术家（如毕加索）都钦佩有加。犹太人的身份以及农村生活的经历，使他早年作品用色含蓄，在受到野兽派影响之后，他开始用色鲜明、纯粹、大胆，形成个人特色。

不确定夏加尔这个调色盘（见图 8.2-5-1）是正在创作哪一幅作品，他的大部分作品主体都呈现出红、绿、黄、紫饱和度非常高的纯色。如果有机会，你也可以就艺术家的调色盘这个话题深入探究一番，一定相当有趣。

画画的乐趣之一在于发掘你的色彩感觉，我们每个人都有自己偏好的色彩，对色彩的好恶来自个人生活经验以及生理和心理因素。

你了解自己的色彩偏好吗？知道自己喜欢的色系和使用方式吗？

图 8.2-5-1 ◎ 夏加尔的调色盘

图 8.2-5-2 ◎ 夏加尔《生日》

测测你的色彩偏好

分别画出/调出自己最喜欢和最不喜欢的颜色。也可以对色彩进行命名，比如落叶色、香芋紫色……它们的背后肯定会有心理因素，这是了解自己的一个途径。一如所有的艺术创作，绘画的终极目标是发现自我：你的色彩风格、表现方式以及你独特的色彩感觉。

对同一色彩，不同的人会有不同的解读，比如你认为黑色是阴郁的，而孩子却认为黑色很酷。

最喜欢的颜色

最不喜欢的颜色

画完后，可以拍照发给家人和朋友看，请他们猜一猜，也可以请他们来画一画，然后互相交流。

一个人的话，还可以尝试回想和记录，为什么对这个色彩有这样的记忆。

很有趣，在 2020 年准备秋季课的时候，我翻看、修改之前的课件，结果看到两年前我和孩子们画下的色彩，竟然回忆了好一会儿才想起来哪个是我画的。

我们对色彩的偏好是一直在变的，就像生命是一条河流，奔流不止。没有什么是一成不变的。没有对错，真诚地面对自己，就好。

8.3 用色彩模式网格分析一切

这一节给大家介绍一个色彩学习的工具——色彩模式网格。

为什么要讲色彩模式网格呢？说到底，会画的前提还是要会看，关于色彩，如何学习呢？用今天的工具再加一定的分析，才能更好地从优质作品中有所收获，使之为你所用。

由于篇幅有限，我无法带大家一起看许多作品，但有了这个工具的加持，我们的分析能力会更强，看作品会更有收获。

在一幅画中，往往有太多的颜色，超过了我们的想象。你可以回忆一下，我们用的水性颜料，在调色的时候，随着不断加水，在纸上吸干，再混入别的颜色，动作几乎是不停顿的。

画中国画讲究“浓淡干湿”并举，也讲究“墨分五色”，其实说的都是要多变化，这样画面才有看头。很多艺术家也是这样进行创作的，最后在画里呈现出特别多（有微妙变化）的颜色。

所以，在面对一幅色彩很丰富、我们很想学习的作品的时候，是干脆直接模仿吗？就像那些油画体验店一样，用类似十字绣的方式描一幅作品？那样的话，除了发个微信朋友圈“炫耀”一下，其实什么也学不到。

如果很喜欢某一作品的色彩风格，我们可以借助色彩模式网格这个工具先来分析一下。

将色彩模式网格用于分析作品，大致的原理就是把那些能够增强主题效果的、面积很大的、不断重复的颜色提炼出来。有些画面看上去好像很复杂，出现了特别多的颜色，而如果掌握了这个工具的使用方法，把画面的色彩提炼一下、分析一下、规划一下，用色就清晰了。如同你脑中充斥了很多想法，用一些工具把它们做一个分析，归拢一下，一下子就会条理清晰起来。

我们常说色系，其实并不是说，棕色系就全部都是棕色，而是有一点相近色或者互补色做点缀、辅助或支持。虽然一幅画面可能比较复杂，但我们把相关的色彩提炼出来，就可以概括出某个色系。先把复杂问题简单化。

先看图 8.3-1 这幅作品。颜色的使用并不复杂，艺术家对色彩的表达很直接，画面让人很愉悦。面对这幅作品，把我们看到的色彩放在一个“网格”里，呈现出图 8.3-2 的样貌，最重要的颜色放在中间，然后按照你认为的重要程度排序。大致就是这样的分析程序。

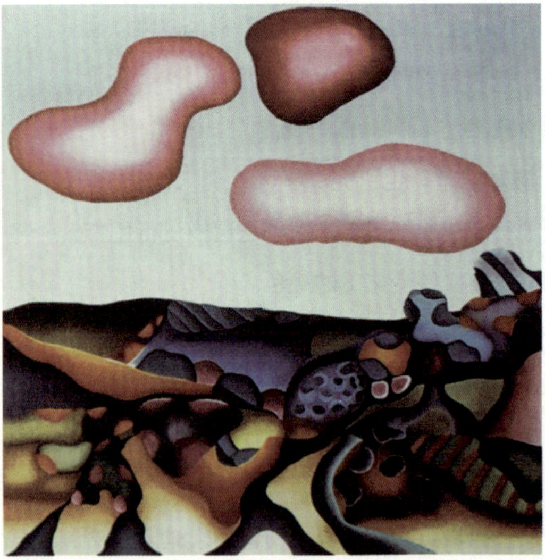
图 8.3-1 ◎ 琳达 · 洛玛哈弗提瓦《粉色的云朵和沙漠》局部

在一幅作品中，我们所见或所有可见的颜色非常多，用色彩模式网格来分析，其实主要是做一定的提炼，也就是说，可以帮助我们从这种很庞杂的颜色中，提炼出最引人注目的、最重要的颜色。

仔细地看一下，画面中有哪些色彩。提炼出最重要的色彩，无论是面积上的，还是视觉冲击力上的。

在作品中选出 9 种颜色。九宫格里的布局是主色调在中间，比较次要的颜色置于九宫格次要位置，再次之的颜色就放在其他空白的位置当中。

图 8.3-2 ◎ 色彩模式网格的分析应用（1）

大致步骤

（1）先分辨和识别出 9 种不同的颜色来，按照重要程度做一个排序；

（2）比如，粉色的云彩很重要，但是粉色云彩中特别浅的部分的颜色也很重要，它使粉色更突出了，所以它在九宫格里中间的位置，云彩周边就是次要的颜色，可以放在九宫格最上面的位置中；

（3）每个人的分析或有不同，这是完全正常的，没有唯一正确的答案。

当我们使用色彩模式网格这个工具时，要明了的是，这并不是一种科学的分析方式，而是一种我们思考和提炼的方式，因为你要知道，颜色是主观的。

这个工具需要经常使用，来训练自己视觉的敏锐度，从而让我们作为业余艺术家的艺术欣赏更高效，即看到喜欢的作品可以通过分析

图 8.3–3 ◎ 乔治亚·奥基夫《前院》局部

为自己所用。在长期地看、分析、尝试的过程中，不断吸收多样化的色彩使用方式。

美国女艺术家乔治亚·奥基夫又是如何分析/创作她称之为“前院”的这片风景的呢？

很显然，乔治亚·奥基夫基于长久的观察，对于新墨西哥州的风景的体验和我们作为遥远的看客的感觉不尽相同。乔治亚·奥基夫多年致力于对颜色的探索，因此在概括、使用、过渡等每个细节上都不着痕迹又极具视觉冲击力。

她说，她不可能画一朵花，她只能把她对这朵花的体验告诉你。对于一片风景，何尝不是如此？颜色、材料与她，已经合为一体。如果你愿意，也可以用色彩模式网格分析一下她的这幅画。

最重要的颜色是什么？对，是后面面积非常大的那个背景的黄色。要么是面积大，要么是更有视觉冲击力，要么是在画面中有更多的寓意，其实都可以，因为这些分析是比较主观的。

对于画面色彩复杂的作品，也可以相应地用更为精细的色彩模式

图 8.3-4-1 ◎ 理查德 · 迪本科恩 《坐着的女人》

图 8.3-4-2 ◎ 色彩模式网格的分析应用（2）

网格分析，比如十二格、十六格。

再举个例子。这是理查德·迪本科恩的作品《坐着的女人》，我们使用色彩模式网格来分析一下它对色彩的应用。画面主体背景的黄色占据了核心地位和最大面积，其他吸引我们眼球的颜色有帽子、衣服、裙子、皮肤等的用色。先提炼出主要颜色，然后以此类推。

色彩模式网格这个工具大致上有两种用途，其一是对我们感兴趣的艺术作品做分析，其二是可以在我们画画之前应用，比如写生一处风景，或根据拍下的照片画画（不推荐）之前，我们可以先做一个色彩模式网格分析，作为规划策略。

对，我情不自禁地回到了老本行——做策略规划。就像在给一个机构、一个品牌做策略规划之前，面对海量的信息和复杂的环境，咨询顾问们要用到很多分析的工具，比如 SWOT 分析法之类。

色彩模式网格让我们在画画之前整理了思路。你可以用颜色尝试对比和布局，而不是等画完了再考虑如何上色。艺术家当然有很多前期的思考和规划，比如我们看一位大师的写生簿，就能看到他的思考过程。

在完成了一个构图、要用色彩来进一步完成作品的时候，你可以用色彩模式网格分析找出一些色彩的关系。当然，如果你已经把一幅画画了一部分，希望重新调整，你也可以通过这个方式找到一个新的方向。

没有唯一的完美答案，即使都用同一种分析方式，每个人也会有不同的见解，因为色彩毕竟是主观性的，而这也是它有意思之处。

我们讲了色彩模式网格之后，并不是要用它去套用所有的作品，它只是一个工具或者一种思考方式，使你在面对色彩无论多么复杂的作品时，也不会感到混乱。

这种方法用得多了，顺手了，即使之后再看到作品的时候没有具体用这个工具，眼睛也已经足够敏锐，不会迷失在复杂的画面里。

同为艺术家，当我们研习过一些创作之后，再去看艺术作品时，眼光和普通观众（从不绘画的人）总是会有区别的。

概括来说，我们的眼睛已经受过了训练，能够把画面里最重点的东西提取出来，然后，你会发现一些规律性的东西。如此一来，看得多了，看得明白了，在自己绘画和做色彩取舍的时候，眼光必然会比没有做过这些练习的人更独到些。

就像学员小 Z，除了绘画，在 2020 年 9 月搬进新家的时候，她突然意识到，自己的装修风格都比以往改善了好多。她把很多不起眼的饰物一件件淘回家，摆在一起，视觉上竟然那么和谐。这是一种潜移默化的影响。

对于很多天才型选手，这类的练习当然是不需要的，不过，鉴于我们每个人艺术天分的小火山已然沉睡许久，就试着用一些方法把它们激活吧！

8.4 不可一日无画（8）

除了尽可能持续地写生练习，大家也可以持续地练习使用色彩模式网格这个工具，面对自然、艺术作品甚至照片都可以，哪怕在手头没有色彩工具和材料的时候，也可以试试。

这一章读完之后，大家可以做两个练习。

1. 色彩模式网格

前面已经介绍得比较多，这里把步骤再细分一下，以便大家更好地利用这个工具进行作品分析。

步骤 1：选择喜欢的艺术作品、照片，原作更好

印刷尽可能清晰，电子版尽可能大图，显示屏幕尽可能高品质、规格大一点。

步骤 2：在纸上画出网格

当然，根据画面色彩的复杂程度，你自行决定九、十二还是更多格，可以先从九格开始。

步骤 3： 分析和提炼颜色

分析最主要的颜色，次要颜色，再次要颜色。

步骤 4： 涂满网格

最主要的颜色涂在中间，次要及与之相关的颜色涂在上部，以此类推。

注意：①没有唯一答案，只能多练习；
②大胆尝试、涂抹；
③在看到作品 / 图片的时候，可以试着只用眼睛去分析。

2. 给记忆涂色，老照片重画

这一节的内容来自一次课后作业。第一期研习营的时候，课讲到这里，正值一年将尽，上网课的妈妈们要放假并带孩子回老家，我就在想，有什么新鲜的作业练习，能适合新的环境，让大家继续画下去呢?

讲真的，假期里带孩子过年，迎来送往，还要妈妈找到时间一个人安静地写生画画，太难了!

画什么和环境有很大关系。既然是回到自己成长的地方，一定有许多成长的记忆，容易睹物生情。所以，我想到了一个“给记忆涂上颜色”的练习——给家里的老照片涂上颜色。

我们在小时候看到的给黑白照片上颜色，大多数会变成比较突兀的色彩，那是由于技术的局限性，只能手工涂色，是假彩色照片，里面的人无论男女老幼，都唇红齿白、大红脸蛋。

我们的涂色当然不是学这个已经失传的老手艺。老照片里的人，对你是有意义的，他跟你的生活是相关的，你了解这个人的情绪、情感、脾气秉性还有状态。

根据真实的颜色，你来做一个分析。你根据这个人的感觉，还有他生活的氛围、他所在的环境，来提取颜色，然后再给老照片重新上色。

可以理解为，我们把老照片当作现成的构图，在不需要去重新考虑构图的情况下，设计一个色彩方案，为老照片涂上颜色。

正是因为它没有颜色，它的颜色就在你的记忆里，所以你要给它重新上色。你不一定非要还原 20 年前照片上人物穿的衣服的颜色和背景，你可以激进和跳脱一点——毕竟我们看了那么多艺术家的作品。

这个练习很像是把色彩模式网格的思路实践在绘画上，是一种逆向思维的实践。面对没有色彩的黑白画面，你如何根据自己的理解，来确立一个色彩的策略，并实践出来呢?

一定程度的提前规划可以大致避免有太不和谐的色彩突兀地出现在其中，保证画面整体的和谐性，毕竟每一种色彩都是要为画面的整体效果负责的。

虽然我一直不提倡对着照片画画，但在大家这么繁忙、时间精力有限的情况下，只要拿起画笔画了点什么，就是一天里的高光时刻啦!

步骤 1：选择 / 制作一幅老照片

回家翻到了合适的老照片最好，如果没有合适的，可以在网上搜一张，或者把喜欢的照片调成黑白色。注意，尽量不要找有很多人的正面集体照，否则在步骤3的时候就要把构图调整一下。

步骤2：设计好网格，确定色彩的丰富程度

建议可以选择稍微复杂一点的十二格，比如主色三个颜色，次之颜色三个，再次之的颜色三个，其他辅助颜色三个。这个完全按照你在网格分析中的经验来做就好。重要的是，在画之前就尝试了色彩的丰富性并作出了对比，这比画的时候在纸上试要安全多了。

步骤3：勾勒线条

用我们学习过的方法勾勒出画面上的线条，不拘于勾线笔、铅笔、彩色铅笔。如果侧重在色彩练习，也不必纠结于画面细节。

步骤4：根据色彩策略涂色

以提前设计好的色彩网格为参考来涂色，看是不是能够将整体画面把握得更好。水溶性颜料对于水、纸的吸水性反应不一样，颜色干了之后还会有变化。对于这些不可预测性，大家也要接受，视之为创作的一部分。我们要提前有所设计，但对绘画过程中的不确定性也要保持开放性。

步骤5：更多练习

以前的很多写生、线条练习，都可以用来做这个色彩练习，可以着重把自己不那么满意的写生用来做练习，即为画面制定一个色彩策略，然后实施出来。

不管从前的记忆是什么，因为我们现在有了画画这件事情，所以可以换一个角度来思考了。

通过这些工具和方法，我们不仅可以找到自己的过去，去回忆和找寻我们从哪里来，更重要的是可以抬起头，从当下跳脱出来，搞清我们未来要到哪里去。这才是我们去看一些色彩、去做分析和提炼并画一点小画的目的所在。

希望大家能够通过画画找到更多生命的意义，回答生命向你提出的问题。也许一下子没有答案，但只要你不断地寻找，就已经是意义所在了。

如果对老照片没感觉，可以把第一章到第六章的练习和作业拿来制定色彩策略，体验一下涂色过程。很多同学问我："这个作业我不喜欢怎么办？"其实，所有的作业都是一个引子，带你开启一个尝试，试过才知道是否喜欢，不喜欢就放下，继续玩别的。

前几年带大家去看雕塑家妮基·桑法勒的展览时，我设计了一个小游戏，把她的雕塑作品画了个白描稿，让大家按照自己的想法来涂色。现在我把它放在这里，给你玩耍一下。

图 8.4-1 © 妮基·桑法勒雕塑的白描轮廓

第九章

在闹市中画画

在这几年给妈妈们上的艺术课里，我遇到了很多学习型妈妈，大家的画技不断精进，还互相鼓励，把我们的作业交流群生生变成了“夸夸群”。不过，走到闹市里画画这个作业最让大家头疼，总感觉有压力、不好意思。

这一章借用工笔渲染的方法，继续给大家讲一点色彩运用的技巧。在第 2、3 节里还介绍了一些方法，希望给大家带来信心。

你就是艺术家，无论在家里，还是在闹市中，都可以画得自在又享受。你要像艺术家一样思考、工作、书写、绘画，找到自己的风格。

9.1 借用一点工笔渲染

艺术的学习从来不仅仅是具体掌握某一种艺术材料，“技术示范说明”风格的内容无论是视频还是文字，都已经层出不穷。在资讯如此发达的当下，通过自学似乎可以进入艺术之门，可现实是，似乎总有一层什么“隔”在中间。

一诺是非常喜欢艺术的，她也在繁忙的职业生涯的闲暇找时间学画，一有时间就拿起画笔。2021 年，我们住的美国西部经历了一场暴热，我们聚在一起避暑。那几天，我集中地和她交流了关于绘画入门，关于线条、观看的方法，把整本书大概一半的内容一次性地讲给她听。孩子在旁边跑闹玩耍，我不确定她吸收了多少。

结果过了几天，她突然发微信给我，说带孩子去山上树林里散步时，突然间“看到了”……所有这本书里的练习和技巧都是为了这一刻，自此，你就有了画画的内在冲动。

这种内在的冲动比某个具体的技巧要重要一万倍。对于如何从每一幅画作和自然中学习艺术，对于究竟要表现什么，我们会越来越清晰，看世界的角度、和自然的联结也会变得不同。

希望翻开这本书、尝试过一点绘画材料的每一位，都可以和参加过艺术研习营的妈妈们一样，热爱、专注于生活，充分表达自己对生活的一往情深。

当然，心有所想还不够，必须手头有一点功夫才能表达。所以，在这一节里，我来介绍一点易于掌握的技巧。这个从中国画的工笔渲染中借鉴来的染色方法，能够快速地解决大家在这个阶段使用水溶性材料时遇到的问题。

图 9.1–1 这幅画是我在 2017 年画的兰花，算上写生和改稿的时间，前后大概画了有一个月。宣纸绷在画板上，一遍遍分染，然后罩染，相当耗时、耗力、耗眼神儿。

为画这幅画，我专门跑了一趟北京植物园去写生，原计划是在写生之后，把写生稿完善一下，挪到宣纸上，即用勾线笔勾在宣纸上。可是真是奇怪，每一次在宣纸上重新画完，都觉得不如那个不完美的写生稿效果好，前后勾了八九稿都不满意！

图 9.1–1 © 戴亚楠　工笔兰花

最后还是对着画室里的一盆开得茂盛的兰花重新写生，然后勾线稿，一次完成！后来我想，大概是因为在一次次重新勾线的过程中，每一处似乎都已经完全正确、没问题，但是恰恰又把写生时捕捉到的生命的灵动丢掉了。

这大概是和一遍遍做题会把灵性做掉差不多的道理吧，没办法，开始学习画画，简直就像重新开始学习做人、生活、育儿。

一位工笔画老师在刚刚开始

教我们的时候就说，这大概是你们最后一次画工笔了。我当时不太理解，怎么会？！学到了才要好好画呀！可是我果然再也没有画过，因为实在太耗费时间了！每每看到工笔作品，我都会先默默地膜拜一下。

不过，研习工笔画的这段经历，使我能够把学到的方法简化下来，用在水彩纸上，也收获了不错的效果。还有就是，染色的逻辑是相通的，我们在这里学了之后，大家可以继续不拘一格地试验自己的方法。

图 9.1-2 是我在 2020 年秋天画的一株秋海棠，彩铅写生勾边，水彩染色，大概画了两个小时。

需要的材料：

◎勾线笔 / 彩铅 / 铅笔

◎水彩纸

◎两支圆头笔刷

◎水彩 / 中国画颜料

◎调色盘 / 笔洗等

◎吸水巾 / 纸巾

图 **9.1-2** ◎ 戴亚楠　秋海棠写生

为了给大家示意，我重新画了一个简化版的，并把步骤记录了下来，以便大家借鉴。

步骤 1：勾线

简单地勾线，右图 9.1-2-1 是用普通油笔、铅笔、毛笔、勾线笔勾勒出来的几种线条轮廓。

图 9.1-2-1 ◎ 步骤 1　勾线

步骤 2：用淡墨分染

用淡墨在轮廓内绘制明暗，一支笔着淡墨，另一支是清水笔。用清水笔向外缘染过去，注意不要留一条分界线，要自然地过渡。（见图 9.1-2-2、图 9.1-2-3）

在工笔里，这个方法叫作分染，光线的明暗关系只是参考，重点

图 9.1-2-2 ◎ 步骤 2　用淡墨分染

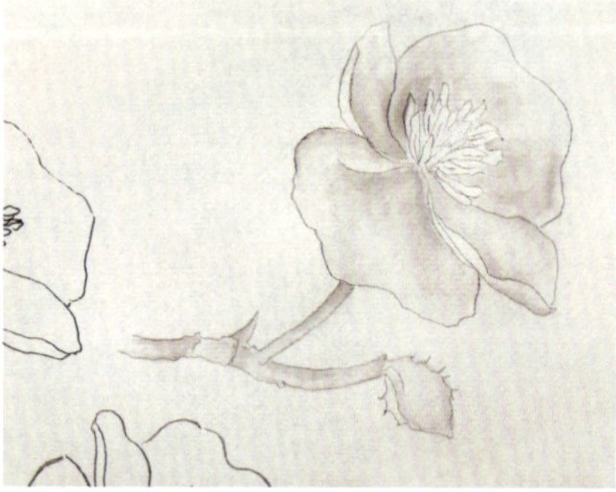

图 9.1-2-3 ◎ 步骤 2　用淡墨分染细节

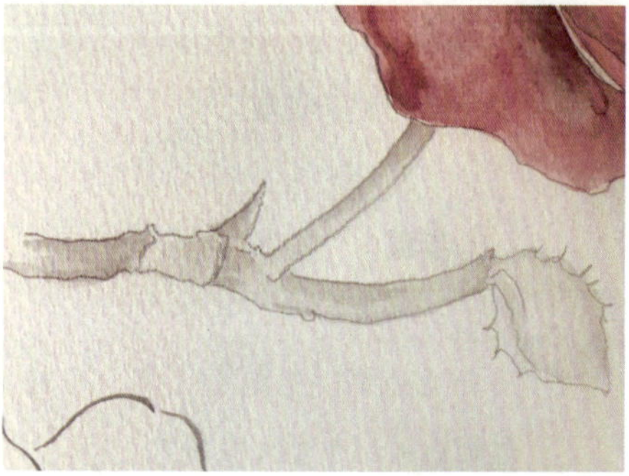

在于你希望如何强调和处理画面，如边缘等位置。分染可以在水干了之后反复多进行几遍。

步骤 3：用颜色分染

方法同步骤 2，只是把淡墨换成颜料。一支笔蘸颜料，另一支做清水笔。（见图 9.1–2–4）

图 9.1–2–4 ◎ 步骤 3 用颜色分染

步骤 4：罩染完成

整体染色：分染全部干了之后，用颜料统一再染一遍。（见图 9.1–2–5）

图 9.1–2–5 ◎ 步骤 4 罩染完成

注意事项：（1）清水笔保持干净，不要沾上颜料，水分不要太多（除非你尝试过，喜欢这样的效果）；（2）染色要尽量自然，纸的吸水程度各不相同，要多尝试。

这里不是非常严格地采用工笔画的渲染方法，大家也发现了，这里其实和我们学到的色彩的三个属性是相关的，用淡墨（深色）先进行的渲染其实很像是把画面的明暗打了个底，然后再用颜料来染的时候就自然调整了色彩的饱和度。

这个简单的渲染方法适用于大多数的水溶性颜料，大家可以把之前画过的勾线练习拿出来，试试染色。

如果觉得麻烦，或者还想试试其他的方法，大家可以参考乔治亚·奥基夫早期的水彩作品，这些作品相比她后期极具特色的花卉和风景画而言并不出名，但是在其中能够看到她对色彩使用的不断探索——使用一种单纯的色彩，探索它可能发生的极致的微妙变化。

图 9.1-3 ◎ 乔治亚·奥基夫 早期水彩 1

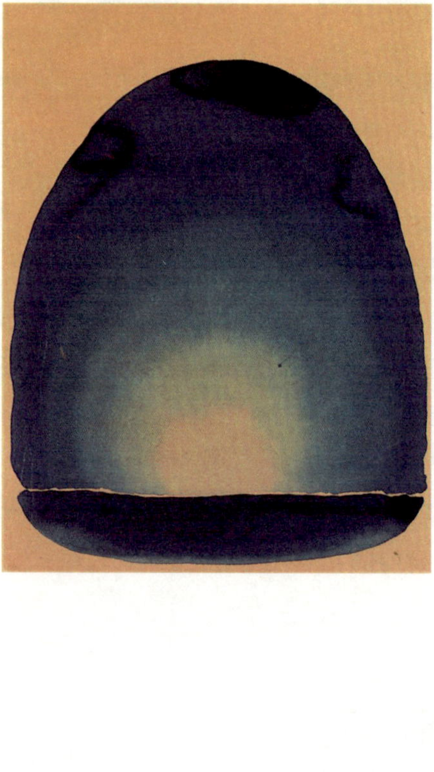
图 9.1-4 ◎ 乔治亚·奥基夫 早期水彩 2

9.2 找到你的风格

在艺术研习营的课程中，我们花了大量时间一起看各种风格的艺术家作品。而在准备这些资料的过程中，我越来越感觉到，只要有了学习的方法，主动搜寻，其实每个人都可以拥有丰富的视觉资源，哪怕只是数字版的内容。

看原版作品当然好，但要知道，在很多美术馆的环境里，其实是无法近距离地去接触作品的，如果是小幅作品，则很难凑得足够近去看到细节，反倒网上的图片（尤其是美术馆、博物馆官方网站的高清扫描图）可以放大很多倍，看到在现场用肉眼都未必能看清楚的细节和笔触。数字时代，一切都在重新发现！

这些在线的艺术资源实在丰富，有时甚至比在现场更适宜为教学所用。比如，利用线上资源，我可以一次只聚焦作品的某个局部和细节，来引领大家一起慢看和解读。而在现场反倒做不到：一群人站在一幅作品前，总有人靠后，或被挡住，或被其他作品吸引走。

在本章的练习中，我会向大家简要地介绍如何利用线上的美术馆资源来学习。足不出户，就可以坐拥最好的艺术资源。

当然，无论线上线下，唯有看得多了才会明白风格是怎么回事，也才可能谈到艺术家最终极的目标：找到自己的风格。

我们的追求不是做个看遍艺术的美术馆爱好者。我们要做把艺术融入生活的真正的艺术家，要找到自己的表达风格。

所以，每一次我们看到艺术家作品的时候，也可以有意识地做一些研究（类似色彩模式网格的方法）。集中地做一些研究，对这些作品的风格、方式进行临摹、再创作，之后再考虑怎么把它融入你自己的风格当中。

所有的学习都不仅仅是上某一门课程，我们寻找所谓“系统课程”不如自己启动一个自动学习模式。艺术的学习更是如此，真的开启了这种模式，课堂内外的界线就消失了，我们无时无刻不在学习！

我把这个方法叫作“永续学习”，听起来很厉害吧！

步骤 1： 选择一幅作品。这里为你推荐两幅大卫·霍克尼的风景画。由于受到中国山水画散点透视的影响，大卫·霍克尼的风景画其实是把很多个看的角度融合在了一个二维画面上。当然，你也可以自己选择是用线上美术馆可以高清浏览的大图，还是用印刷精良、有细节的画册。

步骤 2： 画出一个分析框架，如图 9.2–3，在普通报纸上手绘即可。第一栏是属性，类似于你从什么角度看到 / 学到了什么。举个例子，第一栏写线条，即你看到画面上最突出的元素是一些线条，那么，对应着的第二栏就可以把线条画出来；第三栏如果是颜色，则要把最主要鲜明的色彩画出来，除了识别色彩，也可以留意一下色彩使用的特点。（见图 9.2–4）

图 9.2–1 ◎ 大卫 · 霍克尼 《尼科尔斯峡谷》局部

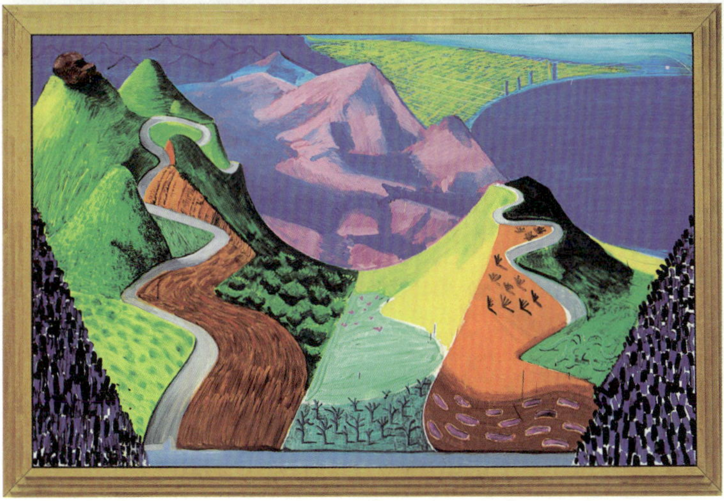

图 9.2–2 ◎ 大卫 · 霍克尼 《太平洋海岸高速公路和圣莫妮卡》

线条	形状	颜色	肌理

图 9.2-3 ◎ 分析框架

慢慢地，你对于一幅画的分析就可以比走马观花地看看深入许多，而非只是听他人说，这里有个什么特别的线条，那里有个什么特点。人家说得再天花乱坠，对你而言终究是二手的观点，只有自己真的看到了，这些艺术的引导才能够锦上添花。

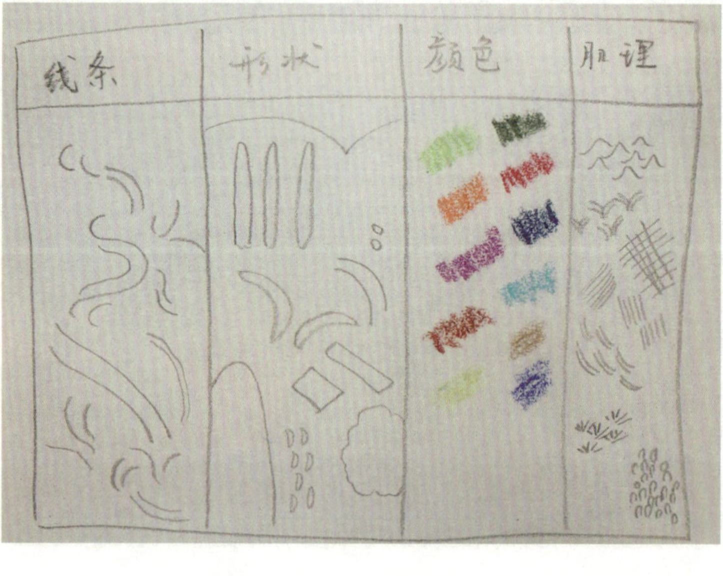

图 9.2-4 ◎ 对作品的分析图

在分析图中，作品里蜿蜒的线条，长长的路，还有不同的肌理和图案，不同植物的形状，我把它们都仔细地记录了下来。

图 9.2-5-1 ◎ 儿童创作 Alicia 8 岁

步骤 3： 经过分析之后，可以用你提炼出的一幅作品的特点来创作。

很多人对于名作的学习侧重于临摹，但照猫画虎地临摹并不是最有效的学习方式。

每个永续学习的分析框架，建议不超过四栏，每次你填写和分析时，可以有所侧重。比如这一次只关乎线条、形状、颜色、肌理（已经不少了），然后用这些学到的元素来画一幅同样主题的作品。

这个练习其实也很适合与 5 岁以上的孩子一起完成，也许画着画着，又增加很多自己的想法，也是完全没有问题的。我曾在课上介绍过这个工具，并且通过与大家一起分析，用艺术家的艺术语言重新创作出来，在网课上用很短的时间就完成了，效果还不错。

图 9.2-5-2 ◎ 儿童创作 鹏鹏 11 岁

看了艺术家的作品之后，深入地研习它，它就会深刻地烙在你的记忆里，我们所谓风格，大致就是这样一点点形成的。

很多优秀的艺术家在谈到自己创作的发展脉络时，都会提到曾经深入地研习过某个艺术家 / 某个流派的作品，那么，我们就从使用这个学习方式开始，来向自己感兴趣的艺术家和作品学习吧!

在这个过程中，不同形态的艺术之美会给你留下深刻的印象，你会自觉不自觉地取舍、融合，用在未来自己的绘画当中。

没有一门课程能够满足你对艺术探索的所有需求，而永续学习是一种很好的学习方式，这个方法可以引导我们将艺术欣赏和绘画创作更好地融合。

毕竟我们不是 24 小时全职学画的艺术生，不可能背着画材去美术馆临摹一整天。一旦有机会，我们可以用上这个工具，快速进入状态，在面对作品时进行有意识的练习，吸收营养。

9.3 像艺术家一样写字

在学习一段时间绘画之后，重新翻看一些艺术家的传记，你会发现自己突然间读懂了更多。自己不画的时候，大致只是在听一个人的生平故事；自己画了之后，对字里行间提到的关于绘画的点滴都如遇知音，恍然大悟处甚感过瘾，频频点头，恨不能拍着主角的肩膀说："老兄，太厉害了！"

就像作家写作一样，许多艺术家在写创作手记时也会洋洋洒洒，停不下来。所以说，更精彩的内容在创作手记里，那里有大师留下的每一笔精华。作为一个有着忙碌的生活和工作的周日艺术家，每每读到这些真诚的文字，我都觉得自己并不孤单，因为在不同时空有另外一个灵魂也在创造着。

艺术家的手记并不是画面的说明文字，而是内在的探索过程，如同探险般，一步步试探着，百转千回，柳暗花明。他们通过文字试图把创作的思路表达清楚，或规划，或总结，或懊悔慨叹，不拘于形式。

最著名的创作手记大概就是凡·高的书信集了。世人说他画到癫傻，可是你看他写给弟弟的信件，对于艺术创作的想法清晰准确，对于自己的工作方向非常坚定，且有规划，在短短的不过 10 年左右的创作生涯中，每一笔都没浪费，每一天都在进步。

有很多大学读艺术专业的妈妈参加完家庭美育系列课程，她们的感受是，原来自己只受到了美术技巧的训练，但从没有形成一个艺术家的思维方式，真是可惜得很啊！

由此，我借鉴了一个方法，叫作“撰写工作日志”，是的，就像一个船长要一直写日志一样。万一未来你真的成了一位著名艺术家，留下记录也是相当有必要的，这样一来，就不会有那些所谓评论家的胡乱解读了。

写日志绝不要有压力，写的过程应该是很舒畅的。追求美的过程，如追求艺术、创作、画点画儿，都应该很顺畅才对，也就是心中孕育出许多想法，不吐不快！如果你觉得特别别扭，那就要想办法解决它。

很多没画过画的父母看着小孩子画画，总要指手画脚一番：“你要不要这样？要不要那样？”其实，自己动手之后就会发现，孩子们那么果敢地画出来，真是很了不起的一件事！在画画的过程中需要作出很多的决定、取舍，每幅画都是很多个自己不断博弈的结果。

将画的时候的犹疑或者其他任何想法写在日志里，能够帮助我们持续创作，度过瓶颈期，找到感觉。

不断地找到那种顺畅的感觉和状态，直到可以控制自己随时轻松地进入那个状态，就成大家了。比如齐白石，貌似轻松的笔墨，是一片赤子之心在纸上的投射。

写日志是艺术家很重要的一项工作，想法太多，来不及实现，就先写在笔记本里，比如达·芬奇，爱好广泛，想法太多，不得不先记在笔记里。

或者，你现在想表达很多东西，创作的方向、题材等各种想法，可能思路还没有那么清楚，就可以先记到日志中。绘画其实是个不断剥洋葱似的过程，也是发现自己的过程。

关于写日志，大致有这样几个特性，可以参考、遵循。

第一个是偶然性。

今天画点什么呢？如我们争分夺秒地学画、看孩子、工作、加班，可能看到什么就画了，很偶然。

如果在画的过程中比较难写，你可以在画之前写，或者画了一半动笔写。如果时间不太够，就先想一想、写一写，写，无非就是换一种形式来剖析自己，发现更深层次的观点或者想法，抓住偶然的念头，深入思考下去，找到更有价值的东西。

第二个是经常性。

你可以在绘画完成的阶段，给自己的作品做一个非正式的分析：你表达了什么样的想法？类似于拍一部电影时拉拉杂杂的导演阐述，作个艺术思想小总结。

第三个是不间断性。

我们需要不断地把自己在练习和创作过程中产生的想法表达出来，从而让自己的作品更有价值。

这个价值未必是由艺术市场定义的，因为我们希望我们的孩子在未来能够更了解我们创作时的想法。如果有机会把自己的作品展示给他人，这些记录就能够帮助他们更好地整理思路，去跟他人沟通。

所以，它未必是一个学术性很强、很完整的框架，艺术家日志的价值在于不断地把最新鲜的想法记录下来，深入挖掘自己内心深处的东西，再不断地表达出来。

看到这里，你是不是又有压力了？是不是在怀疑，自己真的也可以写艺术家工作日志吗？

当然可以！

写日志很简单，就是一个很顺其自然的表达，很个人化、很口语地表达就可以。无须拘泥于范文，本来就没有一个规范的日志形式，记录比形式重要一万倍，否则，一个念头没抓住，也就转瞬即逝了。

写日志如同跟靠得住的朋友一起聊天一样。像凡·高和他的弟弟通信，除了需要金钱的支持，更因为对方也是艺术商人，是懂得艺术创作规律的，当然，作为资助人和家人也是靠得住的。有了这样的聊天对象，他才有更多的表达。

此刻，在整理这部拖延了三年多的书稿时，我好像看到了以前参加过艺术研习营的妈妈们，与她们心意相通。天南地北，无论身处何处，在一盏灯下，我们曾共赴这场宁静的“约会”。讲真的，每一次上在线课，我都是秉承着赴约的心态来和大家见面的。承蒙不弃，对大家啰唆一会儿，然后与大家依依惜别。

而这些课程的记录，便是我的日志了。

最后，也是最最重要的是——要诚实地面对自己。日志当然是写给自己的，可以设为仅自己可读。通常我们提到艺术家的创造力的时候，多多少少包括很多艺术家不受社会的固化框架束缚的那个部分。

英文里有“Out of Box”的说法，而我们很容易陷入社会文化中看不见的这个 box 里。真诚地面对自己也意味着，抛掉一些束缚，探究自己的内心，至少在日志里是这样。

我特别幸运，在研习营里识得了许多有才情的美好女子，如果有更多时间投入绘画和创作，很多人是有巨大潜力成为优秀艺术家的。当然，在忙碌生活的缝挤出时间画画，也是对自己巨大的奖赏。或许，保持业余的周日艺术家的身份，才更能够直接从生活中汲取营养。

公推的“学习委员”子墨对刚刚加入学画的妈妈说：“画画就是生活。”就是这样的！

大家在画画的打卡作业中把“日志”一并记录下来，去了哪里，想到了什么，有哪些遗憾，或者“画完好得意”……

很多艺术家日志其实并没有直接写应该怎么去创作，但我们可以通过这些文字看到真性情的表达，这些其实就是创作最重要的基础——你是个什么样的人，你如何看待这个世界。

从刚开始拿起笔的忐忑，对自己如何如何不满，到投入更多精力在绘画对象上，深情地看着这个世界，为之着迷，这也是大家惺惺相惜的原因。虽然一直在线和大家分享、教大家学习绘画，但看了彼此的日志之后，好像已经离这个人的内心很近很近，因为这些文字只有我们彼此才懂！

哪怕你还没有开始画画，此刻，也可以找一个安静的角落，拿起一支笔，一张纸，写一些字。

深呼吸，闭上眼睛两分钟，睁开之后，在下页的框框里开始记录眼前的世界吧！

让感受自然流淌出来，至少写 5 分钟不停笔，想到的任何内容都可以写下来，不连贯的，跳跃的，都可以。如果停不下来，就随着思绪不断写下去吧！

祝贺你，完成了第一篇日志！

可以参考以下的“引子”，开始你的写作。

◎当你闭上眼睛的时候，有什么念头飞过？

◎安静下来感受，周围有什么特别的声音？有什么特别的味道？

◎如果耳边响起一首歌，你希望是哪一首？为什么？

◎有个特别想见的老朋友现在出现，你会和她说些什么？

◎……

不可一日无画的练习，终于可以再加上不可一日无“话”——关于绘画的画和话，都值得记录。

9.4 不可一日无画（9）

这一章里几乎每一节都已经是一个练习，希望大家不仅每个练习都尝试一下，更要使之成为一个习惯，比如分析作品的方法以及艺术家日志的持续写作。

授人以鱼，不如授人以渔，我希望提供给大家的都是可以持续提升自己的方法，学习的最高境界必然是自学，而这些方法可以辅助你走得更长久、更深远。

在闹市中画画

每一次研习营的课程，其实都花了很多精力在“心理建设”上。这样说毫不夸张，天知道有多少爱画画的孩子从小就被剥夺了亲近艺术的权利，因为“没天分”，或是“考完试再说”……

这个在闹市中画画的作业就像一个考验。很多妈妈即使已经进步很多，在外面画画也还是忐忑不安的，因为从小受到的打压的影响还在。如果画得不够好，别人会怎么看？

如果说“永续学习”和“艺术家日志”都在从本质上训练你提醒自己“我是一个艺术家”，现在是时候真正走出这一步了。去闹市中画一场吧！

步骤 1：找个时间，备好简单的画材

步骤 2：出发

去楼下的公园，或者去咖啡馆，只要在附近就好，不要远离人群，有人路过也无所谓。

2020 年十一假期的时候，有位妈妈拉着孩子去公园画画，遛弯的老大爷问："你是艺术家？"她赶紧回答："我不是，我不是。"然后才想到"我们是周日艺术家啊"，再一看，大爷已经走了。

我想，这正是意义所在。大家好像天然地认为"只有艺术家才能画画"，这说的是那种以艺术为职业的艺术家，那么，并未以此为职业的人，就不能画画了吗？

步骤 3：持续地再出发

开始画画之后，无论约的客户还是朋友，对方迟到了，自己也一点不恼，因为正好有时间画画了啊！

图 9.4-1 © 戴亚楠 寿司店写生

2020年在美国，我住的镇子上没有中餐厅，唯有一家寿司店比较能够满足中国胃，但每次去，上菜都奇慢无比，好像后厨要先培训才能上岗。后来再去，就带了写生本，等的时候，不拘什么，随便画两笔，漫长的等待中，竟然全没了怨言。

在这些碎片时间里，画着画着，就平静下来，把吵闹声隔在外面。

当然，也有一些实用的小技巧，可能会帮助你不被打扰：

◎如果有人夸奖你，不要受宠若惊，说一声“谢谢”就可以。

◎如果有人凑近来看，不必理会，没必要担心画得好不好，按照自己的心意画就好了。

◎如果有人要聊天，礼貌地拒绝就好。或者直接告诉对方：“画画的时候没办法聊天，不好意思。”

◎内心再忐忑，也要表现出淡定的样子，多画几次，自然就好了。

你自己也可以总结出更好的方法，欢迎分享。

大师就在身边

有一些中小城市的妈妈们常说，身边的艺术资源太少，其实殊不知，即使是在大城市，一场珍贵的好展览也是一票难求。难道没看到每年有了大展，观众跑着进故宫的画面吗？或者动辄等上三五个小时，别说孩子，就是大人自己，挨到了进展厅，也几乎筋疲力尽了。

数字化给我们提供了新的机会，让我们一下子能够接触到海量的艺术作品，夸张一点说，这给我们带来的影响，不亚于印刷术的发明给第一次能够看到《圣经》的信众的影响。从此以后，不再是某些专业人士才能看到某幅作品如何，普通人也能看到，并且一些高清扫描的图片甚至比现场实物更清楚。

比如 2019 年，在帮一个新教育学校做综合美育课程的时候，我整个学期的主题是“当东方遇到西方”。在整体的教学设计中，我加入了去敦煌游学的环节。带着孩子们去游学前后，我就充分运用了数字敦煌的网络资源，去熟悉和回顾那些壁画。最珍贵的洞窟壁画，普通游客很难进去观看，还有，在洞窟里停留的时间很有限，也不能尽兴地观看。反倒是数字资源，可以放大很多倍和多角度重复地观看。线上线下结合起来，体验就丰富了许多。

无论身在几线城市，最优秀的艺术资源其实都是触手可及的。如果计划带孩子行走世界，也可以在动身前先好好地熏染一下，再去现场，境界又会不同了。

在疫情暴发之后，有很多平台提供了在线的课程和资源，但究竟怎么去看，我的建议就如同我的看展建议一样，一次不图多，全心全意地面对一幅作品 5 分钟，这样好过走马观花地看一屋子的画。越经典的作品越是如此。

在这一章里介绍的“永续学习”的方法可以拿来用了，比如在浏览的过程中就可以问自己，最喜欢哪一幅，最希望通过哪一幅作品学习创作方法。浏览其实是很容易疲惫的，这时候就可以停下来，用前面提到的分析框架来分析作品。这件事也很适合与 5 岁以上的孩子一起做，除了自己的绘画学习，也是很好的亲子艺术活动。

适合用来作分析的作品风格上尽量不要太过极简，比如马克·罗斯科大面积色块的作品。

先介绍几个经典的线上工具，立刻试起来吧！

◎数字敦煌，现场看不到、看不清的，这里都有，是比买画册更全面的敦煌壁画浏览方式。网址是：https://www.e-dunhuang.com。

◎纽约现当代艺术博物馆，这个页面持续更新，是在MoMA进行过展览的艺术家作品的合辑，进入之后，如同走进了许多艺术家的个展。网址是：https://www.moma.org/artists。

◎ Google Arts and Culture，在手机应用商店里可下载。这个应用程序里面的内容很庞杂，不同风格的作品和艺术家都有，还和很多美术馆有合作。这个应用程序有个有意思的功能——小游戏，比如上传你的照片，就会给你回一幅和你最相似的名画。它还有一个特别的浏览方式：除了放大成与原画1：1（就好像你的眼睛贴着画面一样，能看到画面的肌理和细节）的尺寸，还能够随着手机角度进行变化，好像你拿着放大镜在现场一寸一寸地看作品一样（现场肯定做不到如此）。这是一座值得挖掘的宝藏。

第十章

画出对生活的一往情深

很多人问我，我教绘画的方式和其他绘画课有什么不同。我想，不同之处就在于，相比较专注于技巧的绘画训练，我更在意大家是不是转换成了一个“艺术家”的身份。

绘画技巧或许可能帮你成为画匠甚至画家，但无法让你成为一个艺术家。这二者有着本质的不同！

艺术和绘画的学习是无止境的，迫于现实，我们暂时没有更多精力和时间投注在绘画上，但我们其实可以随时随地学习和思考艺术，周围的一切都可以成为艺术的资源。

最后这一章里，我们探讨作为凡俗的艺术家，如何从生活中获得持续创作的智慧和能量，持续地自我学习，绽放光彩。

10.1 无处不在的老师

人生就是一场旅行，远到上山入海，近到去菜场、逛超市，再近到从卧室走入客厅，或是哪里都不去，就坐在一把椅子上，身未动，心已远。

最近这些年，除了自己画画，也邀上妈妈们一起画，被称作“老师”会忐忑，我更想和大家一起做同学，在每个努力生活的人身上获得能量，照见自己。

有机缘共度这样的一段时光，以艺术和美育的名义，给我们一个享受生活的机会，我觉得这是特别有意义的事情。

在这本艺术入门书的最后一章中，给大家介绍旅途上一定会遇到的几位好老师，请好好珍惜。

第一位老师：自然

当你研习艺术的时候，一定不可以忽略了这位大师。中国画讲究“师法自然”，向大自然学习。无数伟大的艺术家都受到自然的启发和引领。从米开朗琪罗到塞尚再到凡·高，自然，这位所有人类的老师，一直在默默地奉献着自己，引领我们领悟生命和艺术，使我们得到滋养。

我们提到的全人教育、自然教育及其他各种所谓教育理念，终归都要向自然去学习。她的博大辽阔让所有这些教育理念黯然失色。许多科技的进步来自对自然的模仿，比如上天入地的飞行器、潜水艇，就是模仿了鸟和鱼。艺术当然更是如此，几乎可以说，自然中本来存在的一切都是美的。

在疫情严重、有家不能回的 2020 年，在一次又一次林间散步的时刻，是自然这位伟大的导师抚慰我，毫无保留地用她的每一颗布满青苔的石头、每一根遒劲倔强的枝条、每一阵树顶吹过的清风、每一朵认真绽放的花儿告诉我，此心安处是吾乡。

自然也是活泼泼的。2017 年，我搬到乡下，发现田间、地头、村口的寻常景致，亲近久了，有许多的人间烟火气息，生动有加，意蕴无穷。

慢看、聆听、对话，自然这位老师总能让你获益无穷。

图 10.1-1 ◎ 认真地读一朵花

图 10.1-2-1 ◎ 村头写生

图 10.1-2-2 ◎ 戴亚楠　意趣无穷的乡间

第二位老师：孩子

好的艺术老师对孩子是敬畏的，因为孩子们是天生的艺术家，艺术是他们的语言，是他们自己的一部分。

我们成年人已经受到各种影响，习惯了用别人的标准要求自己，达不到社会/别人给我们树立的标准会自我怀疑。而这恰恰是我们研习艺术时最大的障碍，也是我在每一次课里花很多精力给大家做心理建设的原因。像孩子一样，是的，即使我们学了线条、色彩、明暗……创作的时候也要像孩子一样，保持自在的状态。

我和研习营的大部分妈妈素未谋面，但已经通过大家的画作窥视到每个人的生活。育儿是一个奇妙的旅程，而我有一个很有趣的体验：好像看着大家的孩子在这个画画的打卡群里一点点长大呢！

大家画得较多的主题之一就是熟睡的孩子，我们说他们是“免费的模特”，因为夜深人静孩子终于入睡之后，妈妈们才有了真正属于自己的时间。

当妈妈每天投入时间去画点画儿时，孩子们即使没有一起参与，也会注意到，还会主动问妈妈：“你要不要去画画？”因为画画已经成为家里的一个日常的事情。

当别人问起孩子，“你妈妈是做什么的？你妈妈喜欢什么？”孩子们都会知道，我们对什么事情是热爱的。我们当然不只是帮他们付款、给他们做饭喂饭、接送他们上下学的那个人，除了工作上班，我们还有自己的很充实的爱好，这些都会给孩子们带来特别的影响。

第三位老师：研习绘画的伙伴

每一天看微信群妈妈们的作品，都有一种看展览的感觉。平时如果刷一会儿手机，内心就会有一点愧疚，觉得有点浪费时间，但当看大家的画和话时，我觉得是莫大的滋养。

看到每一个人那么有趣的生活，那么多美好的东西和鲜活的画面，我为她们感到幸福。

很多妈妈第一期研习营已经参加，第二期课程还来报名，我问她们，很多内容已经学过了，为什么还来重复学习。她们说，因为这种学画的方式形成的氛围让人非常怀念，一起画画已经成了习惯。

Peer to Peer（同辈之间）的学习是非常重要的学习模式，不仅对孩子，对成人也是如此。同伴间高品质的交流和学习会彼此支撑，让大家一起走得更远。

真正的学习一定是有信息的交流的，每个人作为群体的一分子提出问题，丰富学习的内涵。大家的琢磨和提问，都让研习的过程充满挑战和乐趣。

当然，形成“夸夸群”风格的伙伴们，也成功地携手画了很久很久。

除了喜欢看大家的画，我还喜欢看大家每天画画时的感悟，以及对生活的感悟。我会看到大家留言风格的变化，从最初的“不满意”到“只为愉悦自己”。

第四位老师：所有优秀的艺术家

持续地使用前面章节里介绍的分析工具，逐渐内化成自己面对作品时分析研读的习惯。这种学习模式一旦开启，无须任何课程，每一次欣赏艺术的视觉经验都可以成为你吸收学习的绝佳机会。

再结合阅读艺术家的创作日志，更直接地向最优秀的艺术家老师学习。优秀的艺术家一定是真诚的，他们的画和文字都在敞开赤子之心和你交流。

人生就是一场旅行，只要用心，最好的老师已经在你身边。

10.2 方法还是智慧？

2020 年 9 月，我在家庭美育工作室的线上会员分享中，请来了中央美院绘本工作室的向华老师。分享前，向华说，不如就把他的一个讲座的视频链接发给大家，关于绘本这个话题，他想说的都在里面说了，如果大家还有什么问题，可以提出来，一起交流。看到我“一不小心”请到的男神，大家很激动，提了很多问题：怎么选择绘本？怎么读？读完要不要提问？要不要孩子复述故事？……

在回答大家的问题时，向华提到了“家庭影院”的说法：“绘本在面前摊开，就是大屏幕；孩子坐在怀里听着你的胸腔共鸣，就是音响；你的声音，就是最美的讲述。至于具体如何读，要不要提问、总结、复盘，这些其实都没必要，必要的是，你是热爱这件事情的，哪怕普通话不标准，也无碍。”

一开始，妈妈们正襟危坐，后来，随着向华老师讲故事讲到开心处，一起孩子般地喜笑颜开。讲故事就是这样的啊！讲得开心，听得过瘾，就好了。

整个分享好像也没说什么读绘本的具体技巧，比如“必须读扉页信息”“必须要孩子复述故事”这类建议，但是大家明白了一个道理：读这件事本身比怎么读更重要！是啊，妈妈、姥姥、爸爸、爷爷，即使读同一个故事，每个人的感觉也一定是不一样的。

没有孩子不喜欢故事，只要他喜欢，就一直读下去吧。急于寻求方法，反倒容易忽略了我们本来拥有的大智慧。

关于画画也是如此。在最初，动手画比怎么画更重要！见缝插针、气定神闲地画了，觉得缺什么技巧就学一点、练一练，重要的是画得开心，拥有属于自己的内在的感受。

画画的过程是一个重新审视自己和生活的过程。这本书里，没有特别多的技巧，反倒有许多似乎与画无关而与生活相关的话题。

当然，学艺术，术和道都需要掌握，但术的学习是为了支持你的探索和表达，如果不是如此，就成了束缚。

有很多学习彩铅画、水彩画、油画的妈妈们说，好像对着给出的示范可以画得很像、很好，但是面对一株感动自己的植物却完全不知如何下笔了。为什么学到的技巧无法用来表达自己呢？

能为你所用的艺术技巧，才能给你加分。刻苦的练习之外，是有目的的练习和学习，而这个目的就是你的艺术之道。

在越来越匆忙的世界上，我们成了被异化的物种，生怕被落下，生怕错过什么消息，因为胸怀天下还是内心焦虑，这一切都很难说得清呢！

于是就有了越来越多满足新需求的事物，很多关于身心灵成长的课程。比如冥想，与其纠结于是否用了更高级的坐姿，不如用最适合自己哪怕比较简单的方法舒服地坐着；与其追随某个大师去修行，不如将修行融入日常，使之成为自己生活的一部分。

一位畅销书编辑很热切地跟我说，不要写美育了，写写给女性的身心灵成长的书吧，很有市场……很遗憾，她并没有用心去了解，艺术、绘画就是给予灵魂的养分啊！

我们被“艺术”这个概念限制了，好像它代表着无数精妙的技巧以及许多听不懂、记不住的专有名词。其实，那只是艺术的一部分。艺术是对人类命运的关切，是不同文化中智慧的凝结，是人类发展的每段历程的真实记录。语言和文字或有粉饰，好的艺术永远一片赤诚。

我常常能听到妈妈们说：“学了很久，只学了技法，对于什么是艺术，竟然是不知道的。”“最近上您的艺术课，才真的有点知道什么是艺术的感觉，所以这个过程其实有被打击到，觉得之前知道的艺术

图 10.2-1 © 戴亚楠　日常小画

都是技法，不是什么艺术……”

一旦把艺术沦为仅仅是技巧的学习就会如此，在我们的许多艺术院校里也是这样，所谓专业就是技巧训练，再加上一些艺术史的课程，如果自己善思考、多读书、有造化，或许才有机会进入艺术的大门，否则大概就只能一直在技法层面徘徊了。

开启家庭美育这个新事物，也在于我身边的两类父母对于学艺术完全不同的心态。艺术家父母忙不迭地回答说，自己对孩子“不教而教”，而很多没学过艺术的父母急着问：“应该送孩子去哪个画画班？”

这两种回答代表着对艺术完全不同的看法。艺术家父母看得懂孩子笔下那种最珍贵的个人表达，珍惜孩子独特的艺术语言。或许他们不教技巧，但家里或画室里一直有很多的材料，是天然的哄孩子玩具。这就是不教而教。再加上大部分艺术家都亲身经历过传统的艺术技巧的训练，深知其弊端。这些技巧的学习，等孩子大一点再开始，自然就会事半功倍；如果太早开始，孩子天然的很多灵性被磨灭了，就很难回来了。

急着送孩子去画画班的父母，很多是自己对艺术有向往但小时候没机会接触和学习的，想在孩子身上弥补缺憾。最不可取的是，看到教育政策里关于艺术对于升学的影响而盲目追随。

把艺术从考级等功利目标中剥离出来，才能去掉对技巧的沉迷，从更大的智慧层面来理解学习艺术的意义。

经常有人给我发关于“两年后美育将加入高考”之类政策的新闻。如果仅仅以此为目的，在学校和家庭开始美育，恐怕结果也只能是离美和艺术越来越远。

要将目光放在两年后，甚至二十年、三十年之后，看看孩子是否可以从美和艺术中获得人生的慰藉，是否在成年之后离家，偶尔想到妈妈时，还会记得妈妈是个艺术家，记得她用绘画认真地记录下你们每一天的生活，苦中作乐，在欢笑中进行创作。

图 **10.2-2** ◎ 戴亚楠　财神

10.3 认识一个全新的你

一旦把自我和艺术联结在一起，魔力便是无穷的。

很多时候，与其说我是老师，我更觉得自己好像在旁观艺术在每个人身上展现的力量。此刻，应该有卡拉瓦乔画上的光照在每个人身上。看每个人身上本来拥有的艺术生命力再次生长，令人感到震撼又美妙。

你真的是一个合格的艺术家，只是那座艺术的火山暂时在休眠而已。

什么是好的艺术教育？艺术、创造性的表达是相通的，对于并非从事艺术职业的父母而言，如果有机会稍微研习某一个门类的艺术，就会对艺术有更深刻的了解，对如何选择适合孩子的艺术课程和项目也会有清晰的看法，不会被推销话术所影响。

我们一直说，美育是带着孩子玩，但玩不是一个个的步骤，而是真的熟悉了艺术之后，画一点画，搞一点创作，对艺术很熟悉、很放松，如此才能有更好的玩的状态。

妈妈们练习画画之后，往往会有点儿惊讶地说："这个不爱画画的小孩今天和我一起……"瞧瞧，我们会不自觉地给孩子贴上"不爱画画"的标签。瞧瞧，这是不是很像我们小时候，好像只有那些"有天分”的孩子才有资格学艺术？

曾有妈妈跟我分享过这样一件事：“在我上幼儿园时，某天，老师让小朋友们画一个娃娃，画完后拿给她看。她把画得好的画，交还给本人，把画得不好的撕掉，让小朋友自己扔到废纸篓里。我属于后者。本来就对画画没什么信心的我，被这样粗暴地对待后，就再也提不起什么兴趣去画画了。”时隔 30 年，这位妈妈依然对此难以释怀。

艺术是每个人的权利，创造性表达是个人的，无关技巧。所谓不爱画画，大概只是时机不对、学习方式不适合或受到了太多评判和外界影响。

之所以说父母就是孩子的教育资源，不是为了增加焦虑，而是因为我们忽略了：自己才是对孩子影响最大的那个人。妈妈在做什么，孩子一定是充满兴趣的。

每当在课程进行中出现犹疑，我总会想到，自己是如何开始画画并一步步走到今天的。很多年来，一直保持着随身携带写生本的习惯。孩子睡了，画台灯下新买的小耳环；在咖啡馆等朋友，画桌上的咖啡杯和椅子上的包包；到郊外旅行时，画无人关注的小野花……我并没有上过什么课程，只是旁边有一个人一直鼓励着我，用夸张的声音说：“画得真好！”在我发了微信朋友圈的时候，永远第一个点赞……于是我就相信了，自己真的画得很好，从不怀疑。

后来，有了机缘和时间，我停下一切工作，去认真地研习绘画，去专门阅读艺术史，持续地疯狂练习。这时候回头再看早年的绘画，幼稚天真，哪里有那么夸张地好！

可正是因为相信这个夸张的赞美，我才能放下不自信，不在焦虑上耗散精神，尽管大胆地尝试，表达自己对世界的洞察和理解。

唯有相信自己，才能把自己的内在潜能作为资源去挖掘和发现。

而在这个发现的过程中，能够不断丰富内心，通过作品投射出你所看到的世界，再有技法的加持以及老师的点拨，就能有根本的进步。最后才能把绘画融入你的基因，融入你每一天的生活。

而这一切，就从一声赞美开始。虽然斯人已去，我已经再也听不到那一声夸张的"画得真好"了，但那个声音一直在心底，偶尔响起，鼓励我继续这场并不孤单的旅行。我想把这个信息传递给每个对艺术和绘画心有向往却被束缚着、不敢亲近的人。

所有这些来自生命的体验，一步步本能地走过来的路，就是我的初衷——打造一个独立研习绘画的氛围，让大家在互相激励中获得持续前行的能量。教大家一点技巧，鼓励大家探索出一个适合自己的艺术学习路径。用最简单的语言讲述艺术最根本的问题，在不疾不徐中，建立和艺术的联结。

你已经成为一个全新的你，从今天起，你就是一个周日艺术家。

10.4 不可一日无画（10）

这本书里所有的练习都不是为了交作业而必须完成什么，就像微信朋友圈里的很多早起打卡、读书打卡，其实打卡就是个形式，当你真正享受做这件事时，即使不被要求打卡，你也会发自内心地想画，并且停不下来。

当然，一旦感觉不好，就先暂停一下，第二天再继续，也不要因为没有打卡而懊恼。因为学画、亲近艺术就是一个过程，是一个改变生活方式的过程，享受过程是非常重要的。

每一天都留一点时间来画画，来仔细地观察生活，这种对自己的滋养，也会让我们由内而外地越来越美。

有个画了一阵子画的妈妈说，她有个新“症状”——“见到喜欢的图就想画”，这倒是一个特别好的“症状”，希望大家都能把这个“症状”持续下去，希望即使这本书读完了，这个“症状”也还在。

绘画融入你的血液之中，成为一种习惯之后，我们更要学会在每一次创作的过程中，反思、总结、回味。所谓不在乎结果成败，不在乎的是能否画出一个传世的作品，而要在乎的是，在每一次的创作过程中，对这个世界有新的体验，以试验精神面对生活，独立思考，勇于创造。

这一章的两个练习建议如下：

个人项目

学习其实没有“规定动作”，常年追求标准答案的教育让我们或多或少都有追求绝对正确的执念。于是，问题就来了：如果常年被外在的标准影响，那么就会很难知道自己究竟想要什么，比如只知道追求高薪或是稳定的工作，不再去了解内心的需求。

虽然跟随一个体系或架构来学习似乎是捷径，但在这条捷径上，依然要保持怀疑和独立思考，还要努力探寻，并付诸行动。

我一直鼓励大家发展一个个人项目，是发自内心感兴趣的一个方向，不仅仅是完成一个作业，更是一旦有点精力和时间就可以去做一点点的“事业”。

不是统一布置的作业，是你自己想做的一件事，可以很小很小，但要持续一段时间，那样才能收到成效。至于什么时候结束或是转到新的方向，其实也全在于你自己，毕竟每个人可以用来画画的时间、空间、精力都是有限的，自己安排的个人项目才是适合自己的。

比如一位妈妈每天画一只鞋，无论练习的重点是什么，都和这一只鞋死磕。后来画得没感觉了，正好赶上课程里提到了左手练习，就再用左手画一只，和闺女一起画一只，专攻画鞋底……看到这些妙趣横生、有个性的鞋子（见图 10.4-1），很期待它还会有什么新花样呢！

有个妈妈在看了我推荐的艺术家传记电影《弗里达》之后，受到震撼，开始持续画弗里达的画像（见图 10.4-2）；有人每天早上去一层邻居的花园写生；还有人画老屋做纪念……因为有情感联结，才有内在动力持续地画下去，由此也才有了再多学一点技巧、再多练练的需求。

这个项目看似轻松，其实是树立了一个特别高的目标。我想，很多面向公众的艺术课之所以不提及这一点，也是因为太难且不讨巧。

希望每个所谓“艺术零基础”的普通人，都可以打破和艺术的隔阂，成为一个真正的艺术家。所以这本书绝不仅仅教你学习某种技巧或带你知晓某个作品，而是从根本上引发出你的艺术家潜质。

图 10.4-1 ◎ 个人项目『画鞋』

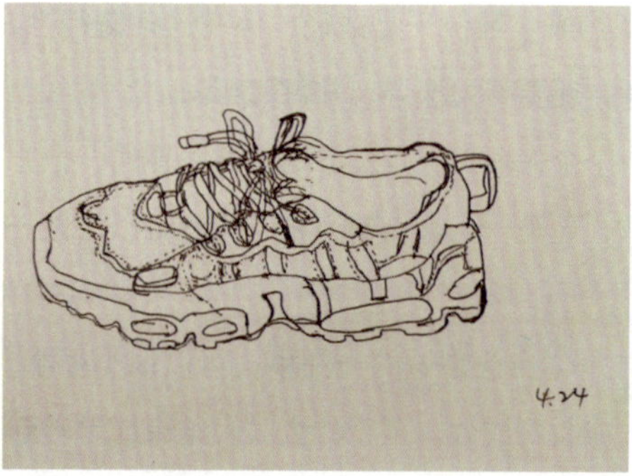

“匆匆忙忙，有你陪着一起跋涉。大半是老路，旧鞋识图。”

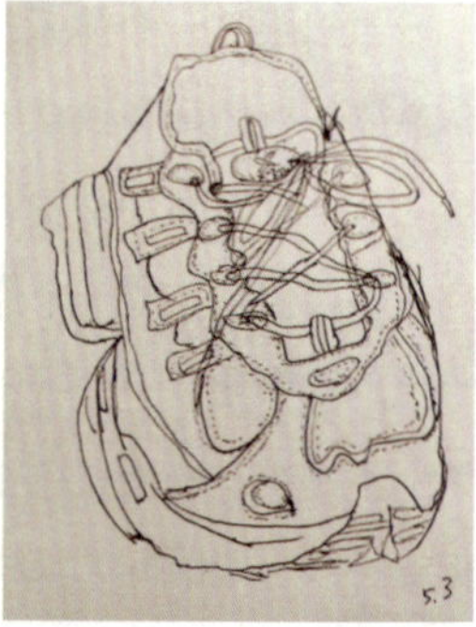

“同样的一只鞋，每天画，结果是每天画出了另外一只鞋的感觉，超越了实物……”

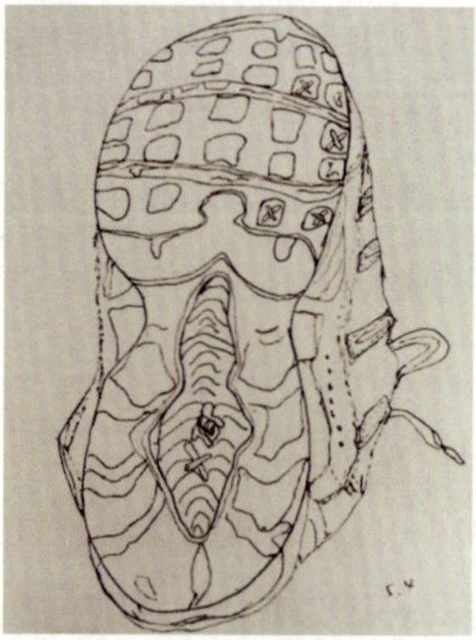

“怎么把鞋底内侧的磨偏画出来呢？”

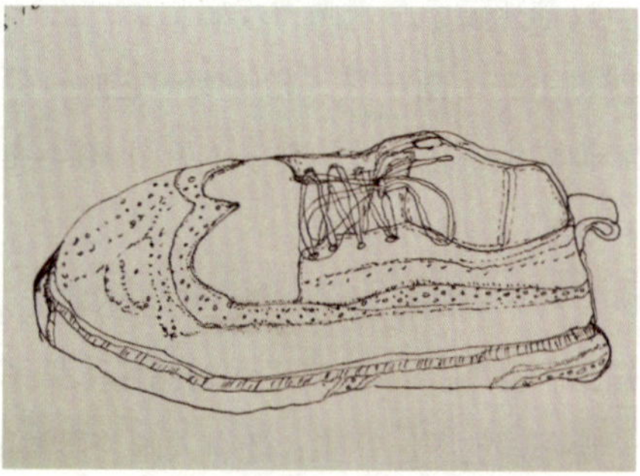

“想法多，念头多。”

图 10.4-2 ◎ 个人项目《弗里达》

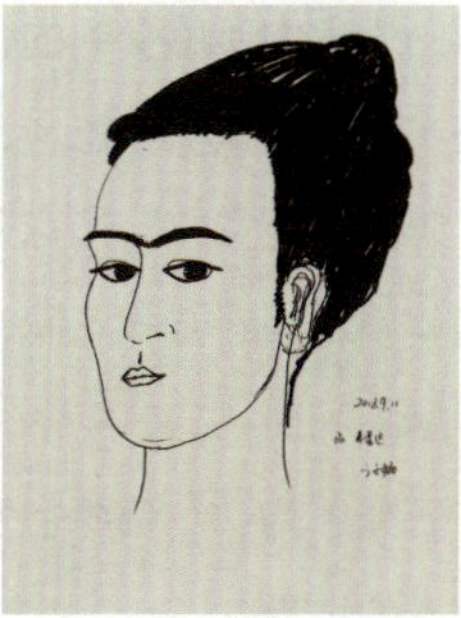

“晚上看了老师推荐的艺术家电影《弗里达》，被这个女人迷住了，打动了，一定要试试，哈哈，结果临出这幅。感觉自己太敢画了。”

“如果一星期都临摹这幅画，会怎么样？”

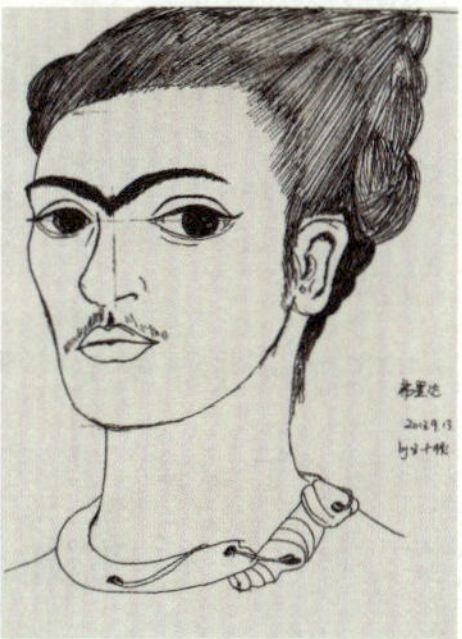

“艺术家表达的傲气真是厉害。我都临不出。”

“速写头像，练习比例，越画越崇拜艺术家。”

研究和练习

无论选择什么绘画工具，都要持续地练习，手上保持一种熟悉和流畅的感觉，仿佛这个工具是你身体的延伸，而非障碍。这本书里介绍了许多绘画练习，都是为了通过各种不同的方式去保持手感。在妈妈艺术研习营完整的课程里面，在熟悉了基本的线条造型和色彩原理之后，我会带领大家进入中国画的学习。

这也是我在个人的学画过程中所感受到的，最好先解决了绘画的基本问题，有了对艺术基本问题的认识和思考，然后再进入中国画的学习，这样能少走弯路，眼界也更宽广。毕竟所有艺术的基本道理其实都是相同的，哪怕审美体系和观看方式不同，中西绘画并不是矛盾的，只是发展的时间表不尽相同而已。

在此给大家提供一个研究思路：在资源益发丰富的当下，以个人兴趣为核心，逐步探索艺术的世界。

我曾向妈妈们介绍过“个人艺术史”的概念，这个概念也源于我个人的学习经历。在一头扎入中国画这个博大精深的世界之后，对于每天听到、看到的东西，我都是蒙圈的。很多的名词、很多的艺术家名字、很多的作品都听不懂、看不懂，想提问都不知从何问起。

后来我就用一个笨办法，看到、听到了什么不懂的，就把这个词记下来，然后自己搜索，找线索。

这种学习方式和艺术史的时间进程无关，和个人的学习进程紧密相关。现搜现学，逐渐积累起一手经验，直到学画的感受越来越深，和阅读经验联结，再经过实践体验，不断梳理，就形成自己独特的看艺术的角度了。

后来读到著名山水画大师陆俨少的理论“十分功夫，四分读书，三分写字，三分画画”，我深以为然。读书可以提升人的内在学养、气质，从读杂书画论，延伸到任何滋养精神的书，这些最终都会呈现在你的笔下。

至此，对于艺术的了解虽然依然有许多空白，但心里并不慌张了。因为你知道，没有一个人会穷尽所有艺术史的内容。不计其数的优秀艺术家和作品，值得我们用一生去慢慢探索。所以，从个人艺术史的角度来看，你通过各种机缘一点点搭建起来的艺术世界，是多么奇妙啊！

至于具体有什么做法，一个建议是，我们可以试着用不同的主题去进行阶段性的研究，就像是一个研究类的个人项目，集中阅读 / 搜集某一个主题的艺术作品 / 艺术家。可以把你在这一段时间里的“研究成果”打印在一张大纸上，制作成一张海报，贴在墙上，以便常常看到，引领你思考以及进行下一步的探索。当你有了新的主题的研究，就可以换上一张新的研究海报了。

虽然电子屏幕似乎很方便，但抬头可见、触手可及是一种更直接的体验。把研究成果一张一张地记录下来，就是你的一部个人艺术史了。

大卫·霍克尼在《隐秘的知识》里提出了一个爆炸性的观点：西方艺术史上很早就使用光学设备，才有了突然的写实能力的飞跃。他在工作室里把不同阶段的肖像作品按照时间顺序一张张贴在墙面上，非常直观地展示了他的发现。

长久地凝视这些作品，对于个人的练习和创作也有很大影响，或许你就会突然想到一个主意，然后也想这样试一试，从而便进入了一个艺术家的自然的创作状态，在热情的驱动之下开始研究和探索，自此乐趣无穷。

就这样对生活一往情深

结语

孩子一出生，我们作为第一养育人就置身于各种育儿理念中。不幸的是，大部分容易获得的信息都在贩卖焦虑，贩卖其实不那么必需的细分市场的育儿产品。一步步走过这些焦虑，我才意识到，新手妈妈获得的许多育儿信息是带着“贩卖”的任务推到我们面前的。

做妈妈是个孤独的旅程，虽然可以获得许多的帮助，但归根结底，很多的决定要自己来做。太多的信息剥夺了我们的敏锐度和感受力，以及作为母亲的直觉。

如果我们希望孩子能够感受到这个世界的温暖和美好，那么我们自己就要保有这个能力；

如果我们希望孩子去亲近和欣赏艺术，那么我们自己就要能够艺术地表达自己；

如果我们希望孩子能够真实和创造性地表达，那么我们自己就要能够诚实地面对自己；

……

绘画是孤独和自省的，是一个让我们探索内在的途径，让我们听到自己的声音，获得能量。

我想，所谓师者，不仅是技能培训，更是给学习者注入能量。艺术从来都是个人的自由表达，而绘画更是一个从纷繁复杂的生活中回归自我的过程。

对自我的信念，是所有热爱和学习的基础，不要把有限的时间和精力浪费在自我怀疑中，去做、去体验和尝试，就好了。

每个人的节奏和路径各不相同，在获得享受的前提之下，一点点地积累着，将亲近艺术和绘画放到一辈子的时间里，就没那么着急了。

中年以后才学习艺术，一路上，我有幸遇到了许多好老师。他们看见我，鼓励我，让我在踌躇着拿起画笔之后，逐渐树立起对自己的信念：我可以，我可以画出一幅画，我可以画出一幅好画。

每个不画画的人无非是处在休眠期的火山，我愿点燃自己去照亮他们，去大声告诉他们：给自己一个机会，绘画会让你生命里的每一天都充满期待和新鲜感。

孤独的旅程因为艺术、因为绘画而有了温度，对艺术和绘画的探索，让我们对生活一往情深。

感恩遇见的每一位妈妈，是你们带我一起重新理解生活。无论画与不画，你们每个人都是真正的艺术家。

这就是我们的生活

附章

要说从小一起做手工、画画让孩子成了超常儿童，那是一定没有的。翻看孩子们的作品的时候，我看到的不仅是一幅画，而是和他们一起的生活。

如今哥哥14岁，弟弟11岁，我们翻看写生本和手机里的照片，讨论我们当时的对话、每个人的表情、外面的天气、那天吃的晚饭、空气中的味道……这就是我们的生活。

2020年几乎隔离了一整年，好在还可以画画和创作，即使身居斗室，心也依然可以飞翔。地板就是最好的创作场，创作时，孩子们口中念念有词。

弟弟是个"暖小孩"，他很安静，喜欢画画、做手工。有个邻居老奶奶是首饰设计师，我们组成了艺术家小组，一起画中国画、做手工，她经常跟别人很认真地介绍弟弟：他是一位艺术家。弟弟很开心，默认了这个称呼。

看我画中国画，孩子们也会凑过来，我就顺便给他们看点儿画，说两句。

在看了很多"江岸送别"的山水画之后，弟弟大笔一挥，也画了一幅水边送别。我喜欢他把送别的两个人在构图上距离安排得如此之近，虽然没有五官，但是仍然能让人感受得到深深的惜别之情。

和弟弟一起画中国画的最大挑战是，他很喜欢"指导"我："看我，要这样皴。"

不知道这份自信是哪里来的，大概是因为他已经在好几个我给小朋友开的课里有过做"主教"的经验。他会叮嘱小朋友"当心用胶枪会烫到手""记得给妈妈看看你的画"……

滞留在美国西部时，我们听了太多夸张的西部故事。2020年圣诞节，弟弟创作了这个被通缉的圣诞老人，相当狂野，被好几个西部的朋友用作贺卡上的图。

弟弟曾经的理想是做一名美术老师，实在因为“我画得太好了”。的确好神奇，他可以把很多普通的东西做成好玩的，所以每当另一位邻居有了什么材料，都会跑来问他是否需要。

旅行的时候很多玩具没带在身边，场地也有限，弟弟就用卡纸、卫生纸筒、小石头这些身边的材料自己动手做，每天都在剪呀贴呀，鼓捣出一堆"新玩具"。

先玩自己，"名画模仿秀"，这幅作品眼熟吗？

各种鬼怪小人儿，我说不出名堂，
每个小人儿的头部都是可以变的

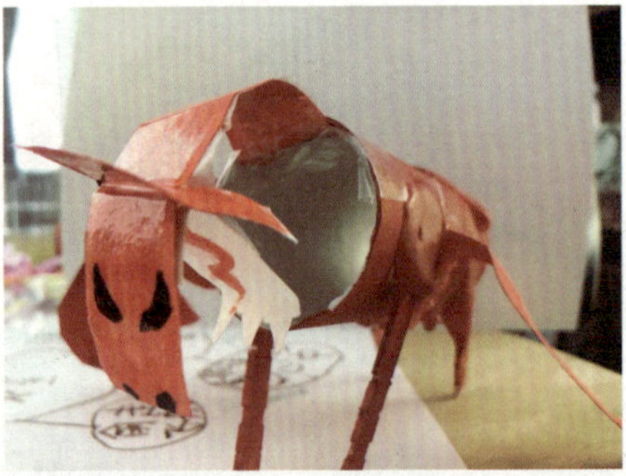

卫生纸筒、卡纸和冰棍筷子做的飞马

石头画

用卡纸做的机器人，
后来又做了整整一个军团……

左：河边捡到的石头，弟弟将其做成了很时尚的项链，他说这一定是水晶。
右：给老师做的项链，他说自己幸运地遇到了世界上最好的老师。
真的好暖。

哥哥是个运动型、爱耍酷的小孩，他曾经很崇拜安迪·沃霍尔，因此去看了一些关于他的书，发现这个艺术家更多的真面目之后，他觉得这个人太虚伪，就不喜欢了。后来又喜欢马克·罗斯科，觉得他的画太酷了。你知道，要得到他的赞美，就一个字，酷。

在准备这部分内容的时候，我向他“征集”作品，得到以下几幅。

他说暑假画的这幅自画像他很满意

不喜欢安迪·沃霍尔，但是钟情于罗伊·李奇登斯坦、凯斯·哈林这两位波普艺术家。这幅画的色彩也很“波普”。

他们并不曾正式上过我的艺术思维亲子课，但在备课的时候我会拿他们“做试验”。哥哥很喜欢接触新的艺术作品以及玩乐似的创作，经常主动请缨：“还需要我们做什么？”

在讲到马列维奇的作品时，他们就做了一个自己的至上主义作品。我把这幅作品藏在马列维奇的作品中一起展示，不经提醒，没人看出来。

了解了巴斯奎特，哥哥觉得他够酷，入得了他的法眼，于是也涂鸦一幅。不知道是不是每个小青年都有冲到街上去涂鸦的冲动呢？

在讲到《美国式哥特》的时候，兄弟合作一起出演。弟弟的衣服其实是我的一条裙子。

这些一起玩艺术和创作的时光，不是必须完成的作业，而是我们共同的生活和记忆。

这些年做了很多努力去邀请妈妈们画画、玩艺术，就是希望在身体力行地绘画、多元地探索和欣赏之后，会对艺术教育有更加深入的理解。

妈妈都是艺术家，用艺术来丰盈你们一起度过的时光。

至暗时刻，相信艺术的力量

后记

所有人被禁足在家，所有的计划被打乱，所有的行程被取消，当生活不能如期盼般进行，你失去了选择的时候，还能做些什么？

至暗时刻，艺术可以给你多一点选择，帮你换个方式面对不确定的焦虑和危机。

随时随地地画画是个值得保持一生的习惯，会改变我们看待周边事物的方式，重新和周围的事物联结。无论是画还是看，都要享受才好！

我一直相信，每个人都有巨大的艺术潜能，只是由于长时间与艺术隔离，被剥夺了亲近和创作艺术的机会。在妈妈艺术研习营里，我亲眼看到了这些艺术的小火山复活和爆发！

第一步，当然是放下焦虑，打破隔阂！

每个人都需要有自己的“个人项目”，有自己的学习路径，我们本来就是艺术家，那些多样的艺术形式和作品本来就都是我们可以吸收创意和摸索方法的资源。感觉到自由和快乐，是多么重要！一个小小的册页就可以承载无限的创意和想法。无论身在何处，只要有纸笔和颜料，就可以获得内心的宁静。如果什么都不能做，就去深情地凝视一朵花。乐观是人生的一大财富。一切终将过去，无论坦途或坎坷。所谓家庭美育，不过就是和孩子一起，在每个普通或不普通的日子里，用创作、用艺术来构建亲子关系，使我们更了解、更爱彼此。

在这个前方依然浓雾弥漫的日子里，有家人与你在一起，有时间用小小的绘画创作来记录你的生活，让自己心安，是多么值得庆幸的事啊。

至暗时刻，要相信艺术的力量。

在一起画画的过程中，大家像艺术家一样开始写“工作日志”，把伴随画画的所思所想所感记录下来，倾听自己内心的声音——这也是一个逐渐找到自己的过程。

每个妈妈都是艺术家，每个人都是独一无二的，而艺术就是一个途径，帮助我们在旅途中不迷失、更坚定。下面这些文字，就是一些才情超群女子的动人表达：

◎“关于写作和画画，开始并不难，你已经具备了一切条件，最关键的恰恰不是技巧，而是：你真的欣赏自己吗？”

◎“因为和大家一起画画而被滋养着，快乐着。画着画着，冬天就过去了。”

◎“年轻的时候觉得生活在他处，其实，你需要的一切就在寻常烟火中，这个非常时期，是重新思考和家人相处模式的最好时机。烟火气中有诗意，其实不必去远方。”

◎“因为孩子，有机会审视自己的成长，他们是我们人生的里程碑。感恩孩子，给我们一座里程碑。”

……

在这场和艺术约会的旅程中，我邂逅了许多充满才情和智慧的女子，她们在繁忙的生活和育儿中，依然不忘停下脚步，用最细腻的心思和最敏锐的觉知，爱着，表达着。

世界因为她们而更美好，在艺术中与之相遇，我何其幸运！

对我而言，她们才是真正的艺术家，她们的绘画和表达，纯粹，毫无矫饰，我唯一在做的无非是不断告诉她们，“你真的已经足够好。”放下“没学过”的焦虑，忽略艺术圈的嘈杂和虚浮，我们一起去向真正的艺术家学习，一起认真生活，认真画画。

如此而已。

附录1

书单一：了解西方艺术史，与艺术家直接对话

我一直认为读书是个挺私密的事，一个人的精神成长史，就是他的阅读史。

经常有人问可不可以推荐一些阅读书目，其实在《生命合伙人》系列作品中，附录有专门的参考资料和艺术教育书目的清单。

关于艺术方面的阅读，我完全处在一个比较“放任”的状态，撞到遇到就看，在每一次的阅读过程中，又发现作者字里行间流露分享的阅读书目或其他作者，于是一步步再挖掘下去，无穷无尽。书单越来越长，却也没有“考前必须读完”的焦虑，这是一辈子的事，慢慢读吧。

作为一个独立且业余的艺术学习者，我很享受这个状态，在此也把启发和收获最大的书单简单梳理一下。

No.1《艺术的故事》：没有艺术，只有艺术家

贡布里希爵士的书必须放在No.1，这是一本厚到令艺术圈外人害怕、文字却极其亲和的书，如果不是太厚，我愿意时时带在身边。Kindle里已经存了好多年，却还是喜欢已经被翻得画得老旧的纸书版。

如果说你和我一样没有系统学习艺术的教育背景，但是很想相对系统地了解一下艺术史，那这本书就是“不得不读”的。在自学的日子里，翻开这本书，就像有一位博学又丝毫不傲慢的著名学者谆谆教导，用幽默又轻松的语调告诉你，艺术如何从洞穴石壁开始，经过变迁成了现代的样子。

这本书至今我已经从头至尾看了三遍，每次在看到各种网络红人提着调门、用异常博眼球的方式为大众“普及艺术史”的时候，我就会想到这本书。或许世风不同，但对于艺术的解读绝不应该仅仅停留在街谈巷议、明星八卦那个层面，即便对非专业人士也不该如此。

最近一次看的时候，我在最后一章里看到了作者的“挣扎”。作为作者，他很容易受到当下正在发生的事情和阅读经验的影响，而作为艺术评论家，他其实无法评论当下的艺术，经过时间沉淀的作品和艺术家才能被纳入历史。

就像那些热热闹闹、正在粉墨登场的艺术家，当下创造再绚烂的烟火，艺术史上可能连一点光亮也不曾记录下，而默默无闻的许多真正的艺术家，却用作品丰富了人类的创造史。艺术是艺术家们创造或指认出来的东西，艺术在没有艺术家之前什么东西都不是。

每一次读这本书我都有新的发现，最大的发现是再没有一本这样友好的，专业性、包容性兼具的书了。

No.2《艺术：让人成为人》：人文学通识读物

这是美国大学人文学科的教材，分为三个部分：人文学和你，人文学科，人文学主题。无论学没学过这个领域的学科，这本书都值得看一看，它不是知识的罗列，而是讲面对艺术，面对人文学科时，应该用什么样的态度。我认为这也是美和艺术教育的核心所在。

朱青生教授在序中说：“引人离开物性，脱出兽性，超越欲念而趋向高明的所有道路，就是所谓人文；修养和培育人文的方法和方式即艺术……”每次看到“艺术有什么用”这个问题，我总想把这段作为回答。

“在一个不断变化的世界里，在一个信息不断从电视、电影、微信向我们扑来的世界里，如果我们想要扎扎实实地把持住自己，那么我们就要养成习惯，要常常把自己从这一切中抽离出来，并且还要带着有所保留的精神去审视自己内心和外部世界正在发生着的一切。”这本书最大的价值还在于带来辩证性思考，对于当下所处的环境做出警示。

我们的教育很容易把不同科目划分得太割裂，以至于学了很多知识，却离真相越来越远，人生观更加支离破碎。现代化带来的分工和压力，使人更趋向于消费和娱乐。各种娱乐方式的邪恶不仅在于荒废时间，更在于把人从“人”向相反的方向拉远。

这样一本书，在凋零的冬季，给人带来一点思考：人本来不是“人”，只有透过教育的修养，经由艺术和人文的熏陶，才能成为真正的人。

总体说来，这是一本入门级的书，涵盖范围很广，对文学、美术、音乐、喜剧、歌曲和舞蹈、电影等艺术的几大门类都有涉猎和阐述。每个章节最后都有非常好的问题列表，引领你进行更进一步的思考。

这是我希望在大学时代就读到的一本书。

No.3《艺术史：1940 年至今天》：从艺术家的角度理解艺术

为什么是 1940 年之后？因为从那个时间点开始，巴黎艺术界的绝大部分人渐渐搬到了纽约，从而也使得纽约成了世界的艺术之都。

作者乔纳森·费恩伯格是著名的艺术史学家，这本书更像是他关于当代艺术史的一部个人叙述。我推荐它的主要原因是看到了这样的现象：在面对当代艺术的时候，身边很多人无所适从，在既有的艺术经验里找不到答案，于是自然而然地拒绝。

如同在导论当中费恩伯格提到的“作为一种思维方式来了解艺术”，艺术创作是一种思维方式，一种与语言截然不同的视觉思维方式。

单一艺术中心已经面临终结，越来越壮观的艺术微生态在全球范围分散。这本书以时间为线索，选择个体艺术家来介绍他们的贡献，因为人是这个世界上最有活力的生命，而艺术家的生存境遇在相当多的层面上决定了他们的艺术和他们艺术的发展。

如果我们在面对当代艺术的时候可以用这样一种思路，就不会再局限于“这是什么”，而是从艺术家的角度去试图理解，并且使之成为我们审视现实的桥梁。

当然，从头到尾捋一遍这本书，也会了解到，国内看似“前卫”的一些创作，其实都是有人玩过的。

No.4《图画史：从洞穴石壁到电脑屏幕》：图画史依然在进化中

大卫·霍克尼影响力最大的作品应该是那一部《隐秘的知识——重新发现西方绘画大师的失传技艺》。他的研究成果表明：西方一些伟大的艺术作品是借助镜子和透镜画成的，这一理论吸引了全世界主流媒体的关注，并且在科学和艺术史领域引发了激烈的讨论。

如果说《隐秘的知识》还是大卫·霍克尼在一点点地揭示研究成果，出示证据，那么这本《图画史》就是以前一步研究为基础，继续完善他的“关于看，关于图画”的研究。他进一步提出了电影、摄影、绘画和素描之间深刻的内在联系。

图画史开始自洞穴石壁，如今最常见的图画载体是平板电脑，未来是什么，还未可知。图画比照片更接近真实。照片当中没有时间，仅仅是接近百分之一秒的一刹那，而图画有观看，有时间，从而表达出空间。

《图画史》当中对于艺术作品的研究更像是对于创作者观看方式的研究，而观看本来有两种方式：一种是西方的焦点透视，人隔离在画面之外；另一种是东方的移动散点透视。只是到了如今，主宰我们观看的方式逐渐成为电视、电影、手机等屏幕。

读了《图画史》，会了解为什么大卫·霍克尼的艺术创作看上去不断在变化，其实他在运用不同的最新的媒介之余，一直在尝试接近真相的“看”法。最新的技术来了又去，图画史依然在进化当中，但图画永远不会消失。

No.5《现代艺术 150 年：一个未完成的故事》：用讲故事的方式梳理艺术流派

威尔·贡培兹，1965 年出生，是一个会说单口相声的艺术评论家。《现代艺术 150 年》是以艺术爱好者们比较熟悉的流派为线索来介绍现代艺术走向的一本书。

为什么新贵们要把重金用来购买那些“看起来 5 岁小孩儿都能完成”的艺术作品？艺术到底发生了什么，变成了现在的样子？艺术改变了世界，世界也改变了艺术。

为什么那些对达·芬奇画了“蒙娜丽莎”，米开朗琪罗雕刻了“大卫”等艺术常识耳熟能详、常常在博物馆现身的观众，在面对现代艺术的时候会说“我对艺术一无所知”？

贡培兹把现代艺术彼此纠缠不清的艺术流派用讲故事的方式做了

梳理。虽然很多人不认同他的讲述，认为其武断且不够全面，但对于普通人而言，他的梳理很有帮助，毕竟这些诡异的主义和似曾相识的流派到底代表着什么，是大家理解现代艺术时最大的梦魇。

第一个故事当然必须从 1917 年的《泉》开始，它讲述了现代艺术一个半世纪的反叛之路，一代又一代人如何愈发反叛、大胆、混乱。这背后，是艺术家对“何为艺术”的无尽追问，是他们对周遭世界的回应与抵抗。

现代艺术的故事仍在继续，也许永远不会完成（显然受了贡布里希《艺术的故事》的影响）。

No.6《艺术的对话》：“影响力艺术丛书”之一

这本书是名副其实的“艺术的对话”，对话发生在艺术品的寄身之所——美术馆里，话题就是面前的艺术品。两位对话者是曾任纽约大都会艺术博物馆馆长 31 年之久的艺术史学家菲利普·德·蒙特贝罗和艺术评论家、作家马丁·盖福特。

为完成写作，两位重量级的艺术界人物出没于罗浮宫、普拉多博物馆、莫里茨皇家美术馆、皮蒂宫等地，游历的足迹遍布两大洲的六个国家。这本书不是艺术史学的著作，也不是艺术批评论集，因为两位作者都摘去了艺术专业的头衔，用真情实感在表达。

读来感觉很像是，我们作为普通观众在漫步美术馆的时候偶遇了两位大家，于是静静地跟在他们身后偷听行业内人士的对话，甚至抱怨。比如：原来菲利普老师更喜欢艺术品陈设上不那么隆重的美术馆；原来美术馆当家人斥巨资购买艺术品的心路历程除了专业判断之外还有更多情感因素；原来美术馆定律是“作品越出名，越无法与人相见”……

对于出于各种原因无法去看原作、只能看印刷品的人，他们的建议是——看黑白的……总之，不会一本正经写在学术著作里的，在这里都会一本正经地聊起来。比如他们看到将现场围得水泄不通、举着手机拍照的游客们，会觉得那场景很像在施展巫术，或进行朝拜仪式。

总之这就是我喜欢的做学问的样子，有小抱怨却可以体会到深深的热爱。算是这份书单当中比较轻松的一本。

这本书也是“影响力艺术丛书”其中一本，其他的比如《蓝围巾男人》《女性自画像文化史》也都非常不错，兼具学术性和可读性。

清点生活，放下遗憾，想不出比读书更好的方式。撇去生活这锅老汤上的漂浮物，许自己一个新鲜的开始。说到底，把读到看到的融会贯通到生活中，独立思考，保持清醒，才是真谛。

我一直觉得，虽然我们从小接受了“中文”教育，但其实没有接受“中国文化”的教育，成长的过程中一直缺失这一课。

从学术研究的方法到基础的社会学、心理学，其实统统是构建于西方的哲学和文化体系之上的。“师夷长技以制夷”究竟还是要建立在自身文化基石的坚固基础上。

对我而言，接受这些西方的艺术理论和方法并不是十分困难，反而是在西方美术馆里看到中国画的时候比较无所适从。所以也就有了去学中国画、读中国画论这些前半生从未发生过的经历。

坦白讲，对当下的中国人讲中国艺术，比介绍西方艺术要难多了。我还会整理一个书单，通过文字搭起桥梁，让大家可以好好亲近中国艺术。

附录2

书单二：从零开始了解中国画，回归你本就属于的伟大传统

前面分享了西方艺术史的入门书单，接下来就整理一个关于中国艺术的书单出来，因为这才是当下国人的刚需。

以前在西方的博物馆里路过中国画展厅，只能礼貌性地到此一游，一幅幅大同小异的昏黄的水墨山水，对我却好似一位位长衫长须不苟言笑的长者，难以亲近，只好对自己本属于的文化敬而远之。

念念不忘，必有回响。各种机缘之下，我用了一整年研习中国画，如今已然没有了过往的陌生感。回想这一路，自己研习一点笔墨当然是正途，辅路是读书。在中国，买书读书当是最经济的一种学习方式了。

在我学一点画以及大量乱看中国画论的这些时日里，逐渐摸索出大致上有三类书要看：

第一是学术普及类。要了解相对系统的研究框架，可以依赖西方学者的书，尤其是面向普通读者的艺术史普及型著作。

第二是经典必读类。关于中国画论，要看源头，启发影响后人的著作拢共就那么几本，看过就知道人人都谈的那些似曾相识的说法都是从哪儿引用来的了。

第三是实践思考类。对于中国画论，要看高手艺术家写的书，不

能看只会说而不动手的人写的东西（理论不如外国学者，又没有操作体验，或大量引用前人观点，或基本靠“扯”）。

以上三类，这份书单里都有基础读物的推荐。愿我们都能多读一点书，多了解中国艺术，回归我们本就属于的伟大传统。

第一类　学术普及类

去年有一次坐高铁出差，带了本高居翰的书，未能免俗地拍照发微信朋友圈，有人留言：“为什么不看中国人写的书？”这民族气节令人赞叹，但我又未能免俗地拉黑了她。

我泱泱大国，上下五千年，为什么了解中国画还要去看外国人写的书？无论你承认与否，中国画学术研究的权威在西方，这是因为：

1. 我们的艺术史学科还处于起步探索阶段，而西方艺术史研究已经形成了一套相对完整的学科体系。

2. 好画大量留存在海外。虽然海外研究者对于笔墨和文化的隔阂肯定有，但学术研究所需要的客观性让他们的表述更清晰和严谨。

No.1 高居翰《图说中国绘画史》

高居翰（1926—2014），原加州大学伯克利分校艺术史和研究生院教授，1997 年获该校终身成就奖；曾长期担任华盛顿弗瑞尔美术馆中国书画部顾问。

这本《图说中国绘画史》1960 年就出版了，写作的时候，高居翰正在读博士。这本书在世界范围内流行并不断再版，但由于版权被买断，作者并未有源源不断的版税收入。不得不钦佩当时的图书策划人——瑞士人史基拉。

第一本推荐它，是因为它作为一部艺术通史类的作品，对于艺术零基础的普通中国人来说，精简、创新、又具可读性。图文并茂，由100幅作品串起对画史的解说，每次读起来都非常愉快。

我常跟大家讲，艺术教育最重要的是“和作品产生联结”，而高居翰的写作和研究风格正是这样。他通常会先和读者共同进行画面的观看和体验，然后再从艺术史的角度分析，而不是一下子用概念、生平、流派等名词限定读者的想法。

之所以如此具有可读性，不得不提本书的译者李渝。她是高居翰的学生，台湾大学外文系毕业，加州大学伯克利分校硕士、博士。她的文化底蕴和行云流水的文字，赋予了这本书更大的魅力。而她本人正是一位在西方绘画中漫游多年，终于因高先生的感召而发现中国艺术之伟大并投入其中的典型的中国人。

回想这本书的创作过程，在50年前，一位热爱中国艺术的年轻学者，为了一本未成型的中国艺术史著作，去到不同的地方搜集图片、到收藏家家中拍照，尽力获得一手信息，用创新性的表达方式使之风靡西方世界。

虽然高居翰后来也提到对自己早期的作品有诸多遗憾，但这本当年为西方普通读者写就的中国艺术入门书，如今用来做零基础的普通中国人的中国画入门读物，真是再合适不过。我手头这本已经看到略有磨损，它被放置在书架上随手可得的地方，就像封面汉画像砖上的两位对话中的人物，似乎随时可以翻开一页，与我开始放松却不失严谨地聊一聊中国艺术。

No.2 迈克尔 · 苏立文《中国艺术史》

这本《中国艺术史》其实是有实力放在第一推荐位的，但可读性的确不如第一本，因为囊括了绘画以外的很多艺术形式，内容和容量上必然就增加了阅读的压力。可以把它和第一本作为互为参照补充的读物。

迈克尔·苏立文（1916—2013）也是著名的中国艺术史的权威，牛津大学圣凯瑟琳学院荣誉退休院士，曾在剑桥大学、斯坦福大学等多所高校和研究机构从事教学及研究工作。

苏立文教授毕生致力于中国艺术的研究和传播，早在1940年就来到中国，和很多中国现代艺术家保持着密切的互动。他也是最早向西方引介中国现代艺术的西方学者之一，并成为这一领域的国际权威。

这本《中国艺术史》虽然对于普通人来说内容不算少，但也是一本比较标准的艺术史入门书，是牛津大学、耶鲁大学、普林斯顿大学沿用了40年的经典读本。

如果完全没有接触过艺术，你可能还是会觉得这本书内容有点多，不过对于开启艺术史的学习来说，存这样一本在手头很有必要。

No.3 徐小虎《画语录：听王季迁谈中国书画的笔墨》

和前两本的“正统”相比，这本《画语录》是非常“奇葩”的一本学术研究。因为某种桀骜不驯，作者徐小虎不被美国正统艺术史圈子接纳。她的研究方法在学术上被认为是不够严谨的，而她则认为自己获此评价是因为某种学术上的守旧势力在作祟。

其中恩怨不去管它，对话的记录者徐小虎生于南京，具有中德两国血统，小学到大学分别于罗马、重庆、上海、美国普林斯顿就读，在五十岁时前往英国牛津大学东方研究所学习，获硕士、博士学位。

这本《画语录》来自一场马拉松式的对话记录，对话的对象就是旅美书画收藏家、鉴赏家、画家王季迁先生。从 1971 年到 1978 年，徐小虎以一种她特有的执着，不断追问，而这场世纪追问最有价值的部分就在于，核心都围绕着中国书画笔墨问题。在这样的追问之下，王季迁尽最大努力解释了中国传统书画中“只可意会，不可言传”的大问题。

对话的另一方王季迁，是一名祖籍苏州的知名收藏家。中央美术学院的范景中教授分享的一段故事可以概括他的眼光之准：“高居翰曾在日本购得一幅山水，由于破损，题字和印章都漫漶难认。经过谨细的风格比较辨析后，他认为出诸谢时臣之手。另一位生活在东京的中国鉴定家费力地研究了题跋和印章后也得出同样结论。而王季迁展卷一览，即断为谢时臣。王季迁这样的法眼，举世又有几人？”

书里有王季迁先生对笔墨的示范照片，照片前后的对话是非常有价值的，也印证了我切身的感受：“自己不研习一点笔墨是不可能真正地了解中国画的。”

二人以时而犀利时而风趣的问答，对中国古代书画的时代风格、笔墨特质、用笔技法、构图布局提出了各种精辟的观点。

高居翰对这本书给予了高度评价，他说：“这本书的诞生，有赖于难得的机缘巧合——结合了当代数一数二的中国传统鉴赏巨擘王季迁，以及拥有双重语言背景的提问者、诠释者徐小虎——徐小虎具备知识、热情与耐心，以灵敏而尊重的态度，引出王先生的看法与感知，任何读者只要仔细阅读，并不时参考书中插图，都会发现自己对这些无价艺术杰作的欣赏，已增添一层新境界。”

读这本书的时候，我正处在临摹得很痛苦的阶段，读完两位作者的对话，突然明白了每天追寻的“笔意”的终极意义——在每一笔的临摹中习得笔墨精髓，才可能画自己的画。临摹是学习笔墨的路径，而不是终极意义。

有意思的是，有位当代艺术的策展人说：“笔意是个谎言……线条没有高下。”这话对又不对。怎么说呢？我在线上课分享的时候也会提到“每个人都有自己的线条”，从个人表达的角度看，没有谁的线条比谁的更好，性格特点都在其中，就像签名；但从书法的角度看，普通人都能对字体的好坏有基本的鉴别，因此必有高下之分。

《画语录》中王季迁在徐小虎的追问之下做出示意和不厌其烦的诠释，将不可意会的笔墨意境用语言和示范表达出来。对话几年后，王先生去世，这场旷世解读和记录更显珍贵。

第二类　经典必读类

一提到中国画，似乎就开启了一种新的表达形式，语言突然充满了“气”“意”等虚幻字眼。其实它们大都来自几本著名的古代画论，今人不断想起、反复使用、不断诠释，试图赋予它们更多含义，但结果只是让这些字眼愈加虚幻。

了解艺术最好的方式就是与作品联结，而了解这些虚幻字眼的最好方式就是去往它们本来的出处去发现意义。它们坦率天真，从未遮掩，穿越千年，等待在喧嚣的当下与此时此刻的你相遇。

No.4 谢赫《古画品录》

它是中国古代第一部系统的绘画批评著作。书中提到的“谢赫六法”大名鼎鼎，几乎涵盖了绘画的方方面面。此后似乎再也没有一位评论家提出更具突破性的观点，尤其现今，西学东渐，更有许多糊成一锅粥的说法混淆视听。这更突显了他的伟大。

作者谢赫是活动于南朝齐、梁时期的画家。对于他的其他信息，缺少记录，所以这位赫赫有名的绘画理论家，我们几乎不知道这本书之外关于他的任何事。

谢赫六法：

一、气韵生动

二、骨法用笔

三、应物象形

四、随类赋彩

五、经营位置

六、传移模写

各法不是孤立存在的，它们是一个整体，是一幅好画的标准，也是艺术家创作应该照顾到的各个方面。

六法之首的“气韵生动”，是中国画创作、欣赏和批评的最高准则，也是纷争最大所在：到底符合了什么样的标准才称得上气韵生动？这个词的各种分解组合已经被用到几乎所有对艺术家和作品的赞美中了。

在谢赫的时代，绘画以人物肖像为主，因此“气韵生动”主要是针对人物肖像画而言，后来才逐渐扩展到整个绘画领域，并且超出绘画领域。

到如今，气韵生动如果可以接地气地解释一下，是否可以理解为“评价一幅作品的唯一标准就是，它是否令你心动”。心动的频率不同，个人的禀赋造化不同，能接收到的气韵必然不同。

No.5 郭熙《林泉高致》

《林泉高致》产生于中国山水画充分成熟的时期，集中地论述了有关自然美与山水画的许多基本问题。中国画的几种类型，山水、写意、工笔之中，山水更具高度和代表性。而《林泉高致》当中非常详细地谈及了山水创作的很多核心问题，值得一读再读。

作者署名为北宋著名画家郭熙，但其实这本书是他的儿子郭思根据其父分享的创作经验和艺术见解后来编纂而成的。当然，历史上很多重要著作都是老师口述、弟子记录的。

郭熙提出，山水画应当努力创造出一种美的境界，使观者“如真在此山中”，产生“可游、可居”的感觉，得到精神上的满足。

郭熙是为官廷服务的山水画家，很得宋神宗重用。他认为画家不应单纯模仿一家一派，也不应拘泥于一时一地的景色，而应“饱游饫看”，广泛摄取山水之美的“精粹”，也就是说，遍看美景之后，要进行融合和再创造，纯写实那就不高级了。

他看到了山水的意象“春山淡冶而如笑”“冬山惨淡而如睡”，这是人与自然情感的互相关照。在这本《林泉高致》当中，郭熙提出了“三远”说，也就是中国山水对于空间的不同处理的方式“高远、深远、平远”。

在今天看来，这依然是一本让人激动不已的书，很多重要的关于山水的程式其中都已经提到，粗浅地领会了这些，就能对于理解中国山水之美在哪里前进一大步。

这本书原文优美且易懂，中华书局的版本有清晰的释义，交替读来也很轻松。

No.6 石涛《苦瓜和尚画语录》

如果说中国画给人留下呆板的印象，主要原因还是好画看得太少。翻看石涛的册页和画册，一个活泼泼的画家跃然纸上，如同变化多端的一位绝世高手，甚至看他的作品时，你并不会认为他所处的时代竟然离你有几百年之远。

石涛的天赋无法压抑。和很多西方艺术史上开创性的标志性人物一样，石涛（苦瓜和尚、大涤子、清湘老人等都是他）的突破和创新给中国艺术带来太多财富，他的笔法如此变化多端，与其说在画，不如说在玩耍，是借用上天之手在纸上留下神迹。直至今天，他的画依然给艺术家们带来源源不断的灵感。

他提出的“一画论”触及了中国画最本质的部分。当然，对于一画论的涵义一直都有各种不同的解读。但他已经跳脱了技术层面的解释，把画上升到哲学和宇宙的高度，对每一位观者和画者而言，懂得与否，只与自身的精神境界所处的层面相关。

石涛主张“借古以开今”“笔墨当随时代”，他的说法甚至比当下的许多人更加前卫、更有新气象，可见未必是到了现代，人就能自然现代起来。个性固执、头脑僵化的人在任何时代任何地方都是大多数。

我曾经每年都会收到一位职业山水画家用其当年新作制作的日历，每次收到之后都抓紧处理掉，因为每一年的画都是那么腐朽陈旧，了无生趣。可见，没有那 1% 的天分，即使努力到 120%，也未必能创作出好的作品。

石涛非常著名的《搜尽奇峰打草稿》，是他于广阔自然山川中求得灵感，并将之融入创作的一幅作品。最好的艺术家是内在最为天真的，不是幼稚，而是有纯粹的那部分。有一颗赤子之心，有灵性，能和天地万物对话，从中吸收养分。

艺术家写的字不是纯粹的理论阐述，而是从每一眼的观察中得来的物我合一的体悟，而作为读者，稍微多一点笔墨的实践才能站到和他们再近一点点的地方，体验到在树石林泉、峰峦云雾间挥毫泼墨的恣意人生。

这一本书还请大家赶紧收到书架上吧！

第三类　实践思考类

和第二类不同的是，这一类里推荐的书目不似前几本影响那么大，并没有在绘画理论上开宗立派，但它们做到了两点：1. 从某一个层面比较具体地解决了中国画创作者所面临的问题。2. 从创作者的个人经历出发，引出创作中的思考。

若头脑清楚，这些实践中的思考就是在从不同角度补充对于中国画的认知；若是没有大致的框架，无法辩证思考，总是纠结于某词某句，那这些内容就成了学习时的掣肘。请各取所需。

No.7 胡佩衡《山水入门》

如果不学中国画，看《芥子园画谱》无感，不妨看看这一本。蔡元培先生对此书极为欣赏，誉之为“中国山水画之解剖术”。我的一位老师从十几岁即投身山水画的研习，至今已经四十多年，他说自己当年便是受到这本书的深刻影响。

好的入门书最大的特点是，把一件事情讲得简单清楚，给初学者希望和鼓励。纷杂的理念和虚幻字眼在这里都消失了，取而代之的是庖丁解牛般地把山水画中所涉及的元素——树木、石山、泉水、云烟、人物、屋宇、运笔法、渲染法等一一呈现，深入浅出，条分缕析。

我读到这本书的时候已经画了近一年中国画。这本小册子给人的感觉很似学期末的划重点，学的内容太过庞杂，头脑中一团星云密布，有闪亮的星，也有深不可测的黑洞，而看完这本，头脑中就拨云见日，逐渐清晰起来。

作者胡佩衡（1892—1965）先后执教于多所高校后，入北京大学画法研究会。幼承家学，积累了深厚的笔墨功底，后学习素描、油画、水彩等，逐渐将其融入山水画创作，形成苍茫深秀、古拙简朴的风格。

No.8 潘天寿《关于构图问题》

这本书书名相当不讨喜，但内容并不是那么无趣，读来相当地有启发。这本书收录了潘天寿 1963—1964 年在浙江美术学院（今中国美术学院）中国画系的讲课记录稿。

这本书其实并不像想象的那么技术流，没有习画的人完全可以读得懂。书中关于中国画视角的论述，刚好解决了我创作中的一个迷思。

构图即画面中的元素如何置陈，而这布局显然和观者的角度相关。之前概念化地了解过所谓“散点透视”，那么到底如何“散”，“散”到何种程度才合理？只要能为审美、为作者的想法、为画面服务，就是合理的。

从画材的搭配安排、取舍组合，到构图中的宾主、虚实、疏密、对比、呼应、交叉、参差、重心、画眼、背景，再到空白处理、四边四角、气脉、开合、题跋、印章在构图中的作用，本书几乎涵盖了所有具体的构图规律。

读透了这本书，若把很多细节问题融会于心，画画的水平和观画的眼光都必将再进步一大截。

和每本书的相遇皆是缘分，太多中国画大师的文字值得一读再读，比如，黄公望的《写山水诀》，董其昌的《画禅室随笔》，恽寿平的《南田画跋》，傅抱石的《傅抱石谈中国画》，齐白石的《齐白石自传》，黄宾虹的《画法要旨》。

了解中国画其实并不需要再多报一个课程，或是听一些艺术谈资，套上长袍，焚香品茗，高谈阔论。要想解决长久以来对中国文化的“隔”，唯一方式就是将其融入真实的生活。

对我而言，学中国画是我亲近中国文化的一条最好的路径，在这个过程中，家里自然地出现中国的纸、笔、墨和摹本，孩子们也自然地皴、擦、点、染，和中国画亲近起来。

很多父母在积极地为孩子准备出国留学，其实除了英文、国际课程的学习，还要先帮他塑造一颗中国心，奠定了中国文化的底色再去学习。要帮孩子塑造更为坚实的人生归属感，这样无论他走多远，都会有清晰的对自我身份的认知。

妈妈们的画和话

许是看我们画得热闹，老公今天也拿起了画笔。其实，我一直觉得他非常有画画天赋，可喜欢看他画画儿时候专注的样子了。只是这事儿催不得，得是他自己想干的。

编者注：“妈妈们的画和话”中内容均由“妈妈艺术研习营”往期学员提供。

不知不觉，画得鼻尖上冒出了汗，起了三次稿，虽然比例还是失调，不过眼睛已经在尝试着首尾相顾。或多或少找回了一点上学时忘记时间流逝的感觉。

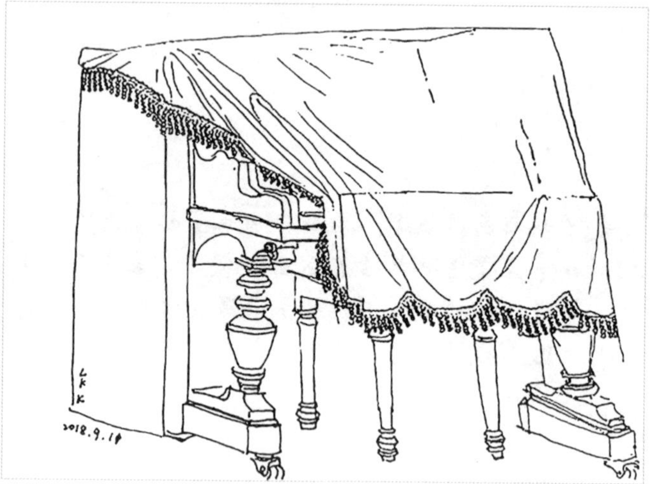

十一没有休假，天天工作到很晚，但也有收获，翻看工作照时发现一张很有感觉的，便把它画了下来。

致敬马三立，结果画成了刘佩琦。

回家在飞机上的时间，刚好画画，这次出游，第一次尝试每天画画，尤其是路上坐车，无聊的时候，非常适合画画。
这是临的一张杂志上的照片，原片没拍，是斯里兰卡的一位老妇人，身穿一袭白裙在礼佛。
画的时候，体会到面部表情比较难以表达。另外，画的时候，其实内心很想流畅地表达，但是总被细节牵绊住。画到后来，逐渐放松下来，感觉好点了。
有点渴望画画了，渴望体会内心宁静、专注的感觉。画完了，邻座的大叔还跟我聊了一会儿。以画会友的感觉不错。

昨晚加班之后，在公司楼下等车时，看到了她。凑近一闻，还有甜甜的玫瑰味，差点就错过了呢。仔细瞧花瓣的走向，才发觉它们支撑了花瓣的结构，辅助线的意义就在于此吧。

行色匆匆的都市里，我们不但忘了抬头望天，也忘了身边就有那么多美好的事物等着我们察觉。只有在这种情景下，才觉得自己更像个人，而不是工作机器。

谢谢你陪我！

一地鸡毛的工作，晚上零点才吃的晚餐，有你在面前给我打气，就是生机盎然的一天。

✳这个世界上，有个爱你的圣诞老人。

突然就想画一些这样的线条，画着画着，心情都明朗起来了。又加上渐变的色块，有种跳跃的喜乐感。画画确实有疗愈的功能，连平常的心情都会因此更加明亮。
将现实事物抽象起来，好像更接近自己心灵的本质。

夏天的照片，好像刚刚发生在昨天。

＊下午女儿吃橘子，没吃够，闹。阿姨哄说："橘子没有啦，叫妈咪给红豆画个橘子吧。"只好照着分给我的橘瓣画了给女儿，小姑娘居然接受了，没再要橘子了。

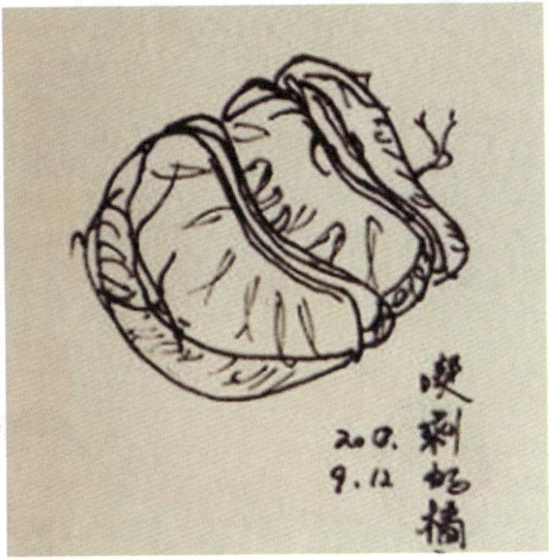

吃玉米

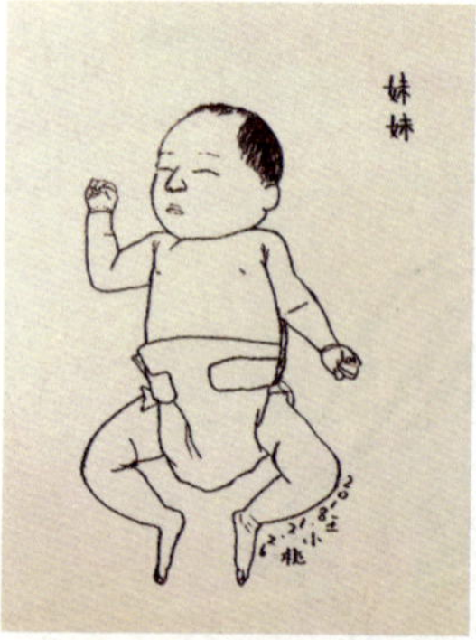
妹妹

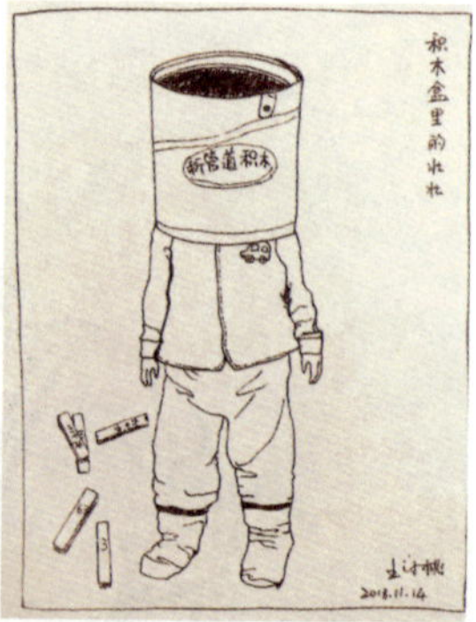

酸

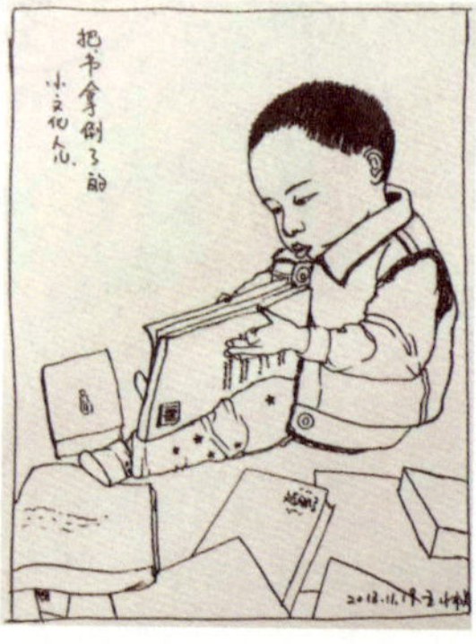

学画不只是我们要唤起自己的绘画本能，也是对美的欣赏能力的塑造，了解什么是真正的艺术，培养自己的艺术鉴赏力，不再人云亦云。通过这些练习，从而影响到生活、影响到育儿。我们学的是“美育”，而不仅仅是绘画。站到这个层面上再看的时候，绘画的目的都不同了。弗里达和凡·高都是很晚才开始学习绘画的，但是他们不懈地努力，抓住一切机会画画，表达自我。这个过程，对于我这样非艺术科班出身的人，是很大的激励。

我混搭一下，用毛笔和国画颜料来画个北欧小镇。总是调不出来老师那美美的色调，还得继续研究啊！

老妹回家过年，今天和她出去，感觉好久都没有这么悠闲了。聊天，逛街，喝茶，吃个冰激凌，逛到晚上才回家，真好！不过实在不习惯不画画的日子，回来速画一幅，今天完美了。

12个亲子艺术创意游戏

我创造和设计了许多不同类型的艺术游戏，试图通过轻松的方式来开启每个阶段的绘画体验。

孩子学艺术和成人的通道是不同的，很多妈妈问我，该怎么"教"孩子，其实，愿意和他们一起聊艺术、玩艺术，就是最好的"教"。在这个过程中，孩子们可以感知艺术，发现自己的绘画天分和创造力所在。

这里的每个创意游戏，无论有没有基础，都可以尝试着玩一玩，或自己，或带着孩子一起，以游戏的心态来体验一下吧！

游戏名称：

变色陀螺

人的眼睛是最神奇的工具，可以混合制造色彩，
不信就试试吧！

材料准备：卡纸、剪刀、颜料、圆规、铅笔

步骤1：在卡纸上画一个圆圈，把圆圈剪下来

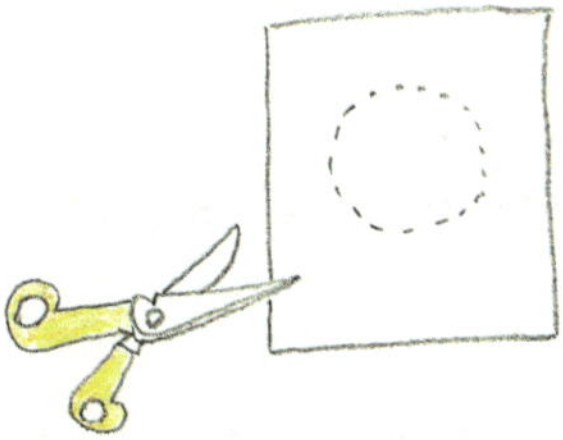

步骤2：在圆圈上随机画不同形状的图形并涂色

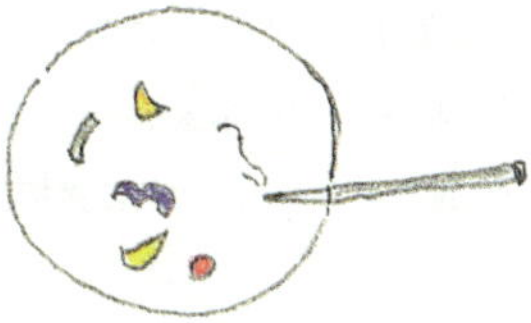

步骤3：在圆圈中心挖一个洞，把铅笔插在中间

步骤4：转动陀螺，观察颜色有什么变化

注意事项：可以尝试不同的色彩组合，思考一下，陀螺变色和速度是否有关系？

游戏名称：

捣蛋大王

材料准备： 白纸、水粉 / 油画棒

步骤1：一个人指向文字

步骤2：另一个人要迅速说出颜色 / 文字内容

步骤3：可自行涂色或直接用不同颜色的画材写字，如用黄色的油画棒写“红”字

注意事项： 提前制定规则，是说颜色名还是读文字。熟练了之后，可以自行制作一组新的游戏卡片

RED
ORANGE
YELLOW
GREEN
BLUE
VIOLET
BLACK

游戏名称：

颜色和情绪

每个人对颜色都有不同的解读，试试画出你对颜色的感觉吧！

材料准备： 水溶性颜料 / 油画棒

步骤 1：此处的红色、黄色、蓝色仅仅作为参考，可以另附一张纸重新画

步骤 2：闭上眼睛，想象面前是一大片色彩，你有什么感受

步骤 3：用不同的线条、形状、力度，把这种感受表达出来

步骤 4：互相交流，为什么会这样表达

注意事项： 没有唯一标准答案，画完之后，交流很重要

RED
YELLOW
BLUE
GREEN
BLACK
PURPLE
ORANGE

游戏名称：

万物皆颜色

材料准备：水彩 / 油画棒 / 彩铅

步骤1：两人轮流提出一种颜色

步骤2：画出这种颜色的事物，局部亦可

步骤3：比比谁画得多

注意事项：只要有可能是这种颜色即可，如眼前并没有蓝色蝴蝶，理论上是有的，就可以

游戏名称：

放大镜

材料准备：白纸、铅笔 / 油画棒 / 彩铅、放大镜（备选）

步骤 1：两个人轮流提出一项事物，用放大镜（想象中的也可以）无限放大

步骤 2：在圆圈中画出所看到的或是想象中的放大无数倍的局部

步骤 3：也可以自己想一个身边的事物，画完让对方猜

注意事项：保证安全的情况下，也可以用手触摸，用多种方式感受事物的肌理

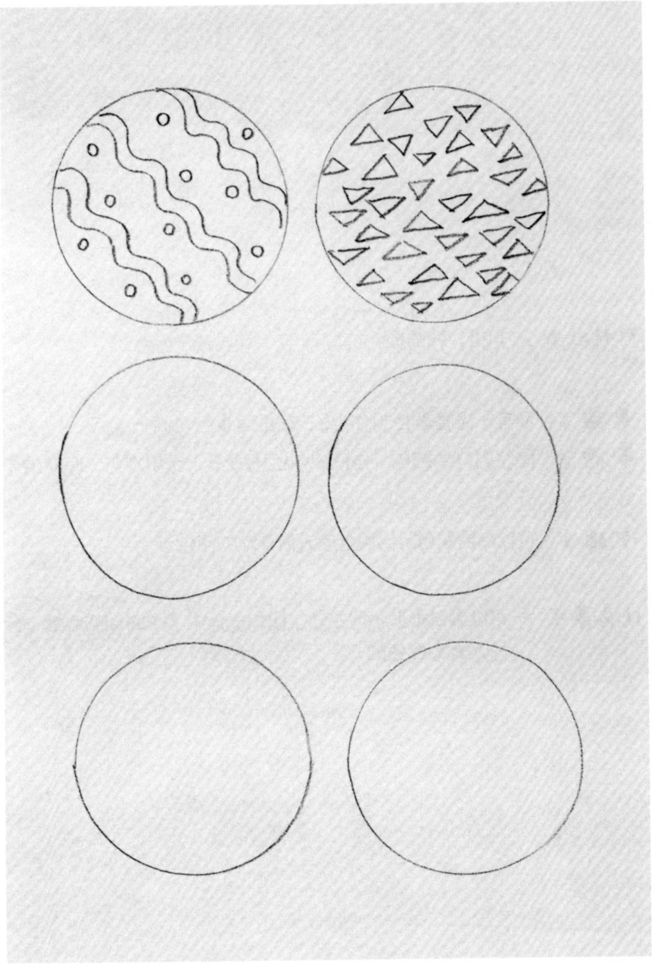

游戏名称：

彩虹的色彩

材料准备： 白纸、油画棒

步骤 1：准备一层层套上去的方框，在里面涂色

步骤 2：除了彩虹的颜色，自己配色试试效果，比如冷色、暖色的不同组合

步骤 3：可以命题配色，比如全家人最喜欢的颜色

注意事项： 可以尝试很多不同主题，比如一天中 7 个时刻的心情，分别是什么颜色的

游戏名称：

安迪·沃霍尔

材料准备：水粉 / 油画棒

步骤 1：大致了解一下安迪 · 沃霍尔的作品

步骤 2：选择 4～5 种纯色，如红、黄、蓝、绿、紫

步骤 3：至少尝试 6 种不同的颜色组合，模仿安迪 · 沃霍尔，给花、瓶、背景上色

注意事项：相邻画面的颜色组合要各不相同，可以参考安迪 · 沃霍尔的《玛丽莲 · 梦露》中的颜色组合

游戏名称：

跳舞胶带

材料准备： 白纸、纸胶带、水粉 / 油画棒

步骤 1：截取长短不一的纸胶带
步骤 2：随机贴在纸上
步骤 3：用水粉或油画棒在空白处涂色
步骤 4：揭除纸胶带，获得新的视觉效果

注意事项： 纸胶带贴得不要太规则，揭开后画面才会更丰富

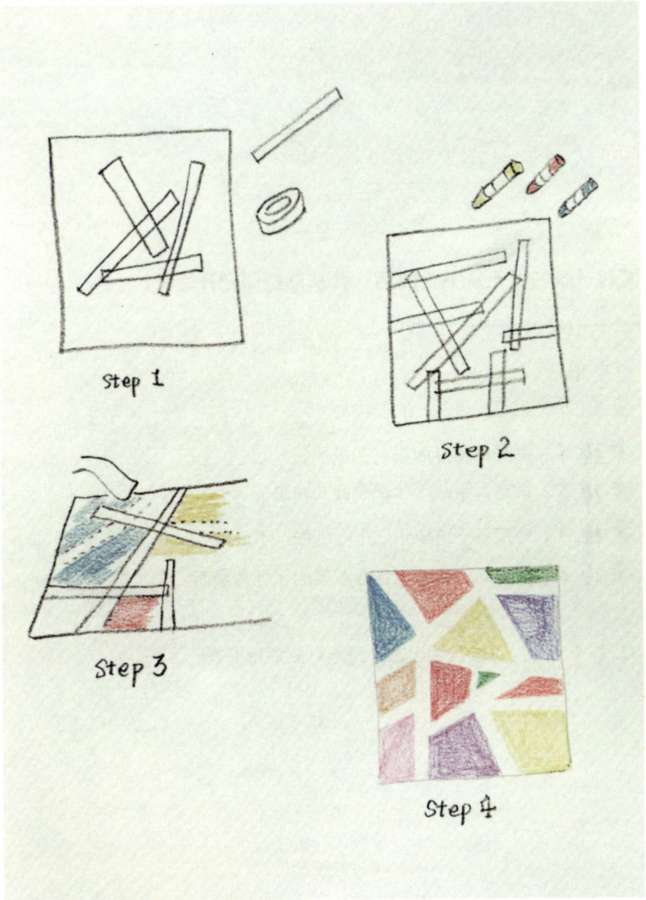
Step 1
Step 2
Step 3
Step 4

游戏名称：
无限可能

面对一张白纸无从下手的话，就从这些印记开始吧！

材料准备：每人一支笔

步骤1：向参与者发放带有印记的纸
步骤2：观察纸上的印记的形状，思考能看到什么
步骤3：分别基于这些印记进行创作，不设限
步骤4：分享同一个印记各自发展出了什么画面

注意事项：可以互相出题，无限可能地玩下去

游戏名称：

保罗·克利风

游戏前后可以搜索保罗·克利的作品，和你们的作品对比一下

材料准备：白纸、铅笔、水粉 / 油画棒

步骤 1：闭上眼睛，在纸上随意画出一根线条，越松弛越好

步骤 2：选择 3~4 种颜色，在线条形成的形状里涂色

步骤 3：选择不同的配色方案，如冷色、暖色

注意事项：画线条的时候虽然闭上了眼睛，但可以刻意多交叉，制造出更多形状

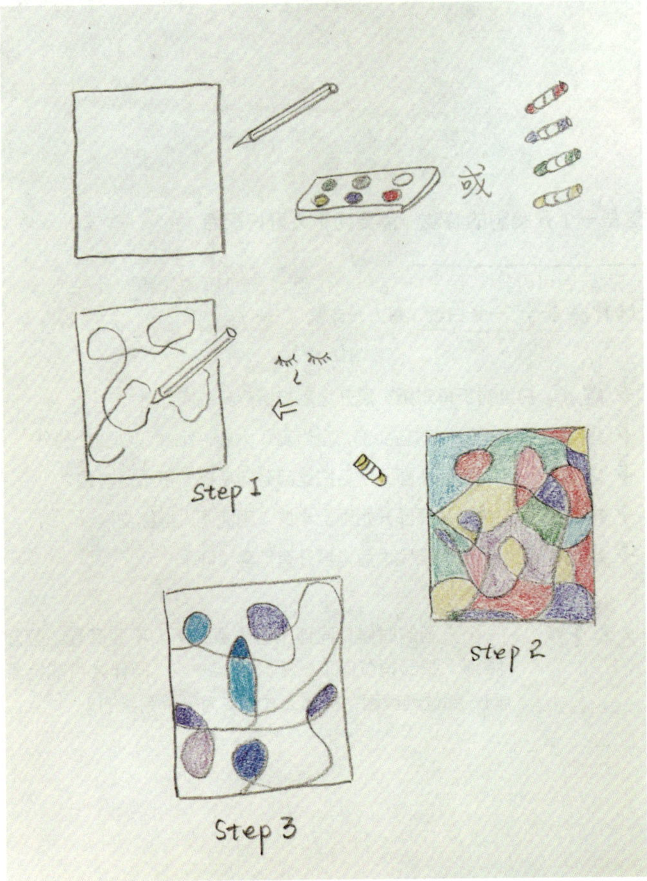
或
Step 1
step 2
Step 3

游戏名称：

神秘人

这是一个开脑洞的游戏，需要两个人好好配合

材料准备：一张白纸、每人一支笔

步骤1：白纸对折再对折，展开之后被折痕分成四部分
步骤2：四部分分别对应头部、上半身、大腿、小腿和脚四个部分
步骤3：一个人先画头部，然后把这部分向后折，不给对方看
步骤4：第二个人从颈部开始画上半身，画完两人继续交换
步骤5：四个部分都画完之后，展开有惊喜（吓）

注意事项：一个人画的时候，同伴不得偷看，两人不要商量。颈部、腰部、膝部稍微向下一部分延伸一点，同伴才可能接着同一部位继续画，神秘人才能成为一个完整的人

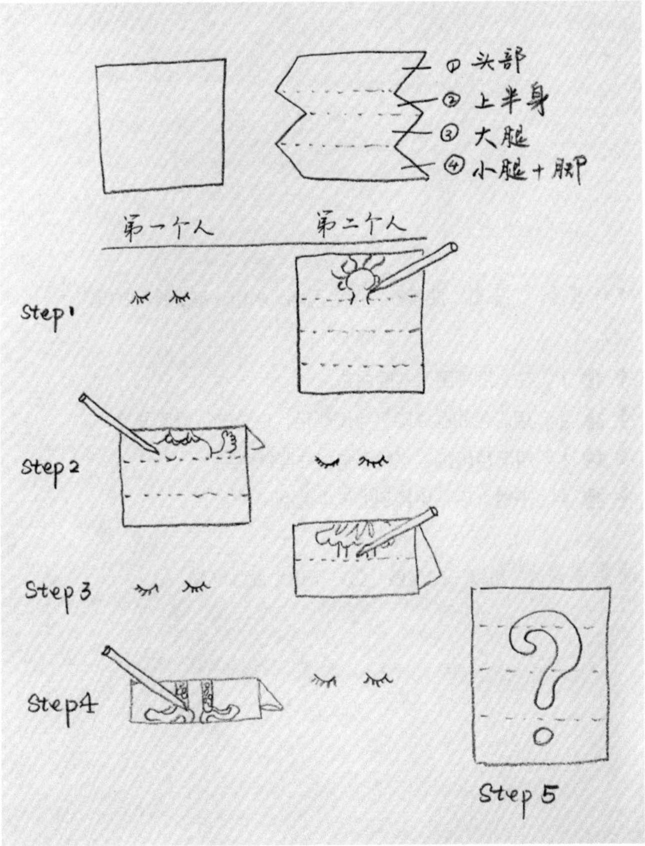
①头部
②上半身
③大腿
④小腿+脚
第一个人
第二个人
Step1
Step2
Step3
Step4
Step5

游戏名称：

刮出彩色世界

材料准备：卡纸、油画棒、黑色丙烯 / 水粉、笔尖锋利的笔

步骤 1：在卡纸周围留一圈白边

步骤 2：用彩色油画棒随机涂满颜色，白边的位置不要涂

步骤 3：用黑色丙烯或水粉覆盖住油画棒颜色

步骤 4：干透之后，用锋利的笔尖画刮画

注意事项：可以一次多做几张，干透之后才能刮

step 1
step 2
step 3
step 4